高校武术教程

主　编

文红为　辛晨曦

副主编

李　红　周宇娇　李厚芝　王　珉　高　瑜

上海财经大学出版社
SHANGHAI UNIVERSITY OF FINANCE & ECONOMICS PRESS

图书在版编目(CIP)数据

高校武术教程 / 文红为, 辛晨曦主编. -- 上海 : 上海财经大学出版社, 2025. 8. -- ISBN 978-7-5642-4718-8

Ⅰ. G852

中国国家版本馆 CIP 数据核字第 20257LK801 号

本书由上海财经大学本科课程与教材建设项目资助出版

□ 策划编辑　陈　佶
□ 责任编辑　黄　荟
□ 封面设计　贺加贝

高校武术教程

主　编

文红为　辛晨曦

副主编

李　红　周宇娇　李厚芝　王　珉　高　瑜

上海财经大学出版社出版发行
（上海市中山北一路 369 号　邮编 200083）
网　　址：http://www.sufep.com
电子邮箱：webmaster@sufep.com
全国新华书店经销
上海新文印刷厂有限公司印刷装订
2025 年 8 月第 1 版　2025 年 8 月第 1 次印刷

787mm×1092mm　1/16　17 印张　240 千字
定价：79.00 元

前　言

武术作为中华民族优秀传统文化的瑰宝，承载着深厚的历史底蕴和独特的文化价值，其传承与发展也应紧跟时代步伐，肩负起新的使命任务。

本教材以习近平新时代中国特色社会主义思想为指导，以实现体育立德树人根本任务为宗旨，基于近年来我国武术运动理论与技术发展的新成果，结合高校武术教育教学改革的发展趋势而编写，旨在深入贯彻落实党的二十大精神，以高度的政治责任感和使命感，推动武术在高校教育中的传承与创新。本教材内容上不仅涵盖武术理论知识、技术技能，而且注重融入武德教育，弘扬尚武崇德的精神。编者根据多年的教学经验，除了在教学内容上有所创新外，在教材的版式上，功能模块更加清晰，增加了学习目标、学习任务、知识拓展、思考题等模块，同时还融入了新媒体资源，凸显了教材的先进性、思想性、互动性与趣味性等特点。本教材可作为普通高等院校的武术教材，也可作为广大武术爱好者的学习辅助资料。

全书共分武术概述、武术礼仪、武术与传统文化、武术基本功和常用动作术语、太极拳、太极推手、器械类技法分析与套路组合、高校武术教学、武术评判与欣赏九个部分。为了顺应时代发展需求，结合高校教育的特点和学生的需求，本教材对部分内容进行了优化和创新，增加了武术礼仪、太极推手、高校武术课程思政等章节，着重体现武术的文化内涵、攻防技击与育人价值，旨在为高校武术教育注入新的活力，培养更多武术文化的传承者和传播者，助力体育强国、文化强国建设。

本书严格按照编审分离的原则，采取主编负责制的编写方式。由文红为、辛晨曦任主编，李红、周宇娇、李厚芝、王珉、高瑜任副主编。此外，马国威、左晓宇、韦浩阳、汪永强、陈敏、温硕、王语婕、陈溢灵参与了动作示范照片及数字资源视频的拍摄工作。

感谢上海财经大学出版社为本书出版所付出的辛勤劳动。因编者水平有限，书中难免有错误和不当之处，恳请读者批评指正。

编　者

2025 年 6 月

目　录

第一章

武术概述

学习目标

通过本章学习，了解武术的起源、历代发展演变及沿革，理解武术的概念，掌握武术的特点和价值功能，厘清武术的内容与分类体系。

学习任务

1. 了解武术的起源和发展历程，整理并总结武术在不同历史时期的特点和演变过程。

2. 探索武术对中国传统文化的融摄，学习并理解武术的基本特点，分析武术在现代社会中的多种功能和价值。

3. 梳理中国武术的主要流派，分析每个流派的特色、技术风格和代表人物。

武术是以中华文化为理论基础，以技击方法为基本内容，以套路、格斗、功法为主要运动形式的传统体育。它源远流长，有着悠久的历史和广泛的群众基础，是中华民族在长期的生活和斗争实践中，在中华传统文化的长期熏陶下，逐步积累和发展起来的一项宝贵的体育文化遗产。

第一节　武术的起源与发展

一、武术的起源

武术起源于中国，可以追溯到远古时期的原始社会。“上古之世，人民少而禽兽众”[①]，原始人类为了维护生存，不得不依靠群体的力量来抵御恶劣的自然环境和抗击猛兽的袭击，以获取有限的食物。在狩猎过程中，原始人类逐渐掌握了徒手或使用木棒、石头等工具同野兽搏斗的技能，这些人与兽之间原始的搏斗技能为武术初始技击形态的萌生奠定了基础。因此，也成为中国武术萌发的源头。

氏族公社时期，部落出现，部落利益的冲突常常使用武力来解决，因此人与兽斗的工具和技能，也开始转化为人与人斗的工具和技能。到了原始社会末期，随着生产力的提高、私有制的产生，部落与部落之间经常发生战争，战争所需要的一切格斗技能，包括在兵器落后的情况下于实战中有重要作用的徒手格斗技术，逐渐从生产技术中分离出来，发展成为独立的技术领域，这进一步促进了格斗技能的形成和发展。

人们在战争胜利或休息时，把战斗中制胜的技术经验表演一番，以宣扬武威和荣誉，这种以舞练的形式把攻防击刺动作予以抽象再现，又借助舞练的形式相互模仿、交流的过程，促使原始的攻防搏斗动作逐渐向复杂技术积累发展。而随着部落战争的扩大、激烈的生存搏斗的需要，使得人们对在战争中运用比较成功的攻防格斗方法有意识地加以总结，不断地模仿练习，并代代传授，当这些经验和技能成为有意识的活动时就是武术的萌芽了。中国武术的发轫，与原始宗教、教育、娱乐等民族文化有着紧密的联系。

---

① (战国)韩非．韩非子·五蠹篇[M]//蒋重跃注评．韩非子．南京：凤凰出版社，2010：235．

二、古代武术的发展

(一)商周时期的武术

商周时期,战争频繁,青铜冶炼业逐渐发达,铜矛、铜戈、铜斧、铜剑等铜制兵器大量使用起来,不仅促使武器由简单到复杂且向多样化发展,而且促进了攻防格斗技能的提高和发展。

从商代后期开始一直到春秋时期,军队作战的主要形式是车战,车兵是作战的主力。一车三人,站成一个“品”字形。站在中间突前位置的是驾驭战车的御者,站在左侧的是弓箭手,负责远距离的射杀,站在右侧的是击刺手,拿着戈、矛,待交战双方的战车相接时做近距离的搏杀。车战促进了戈、矛等长兵器的运用。但是,由于在车厢里作战,空间窄小,加之车兵披挂的铠甲较重,不可能发展出比较复杂的兵器使用技术。与长而笨重的矛、戈相比,弓箭在车战中的作用则显得非常突出。因此,弓箭训练是商周时期军事武艺训练中重要的内容之一。上至天子,下至普通平民,无不练习射箭,并出现了各种各样的射箭活动。这一时期,习练搏斗、角力也是军事训练的重要内容。《礼记》记载:“孟冬之月,天子乃命将帅讲武,习射御,角力。”这说明周代徒手搏斗之术甚为流行,而且还规定了专门的训练时间和训练内容。

商周时期,“国之大事,在祀在戎”(《左传》),祭祀和军事是国家最重大的事情。奴隶主贵族阶层非常重视武士教育,对世家子弟的培养目标是成为精通武艺的武士。因此,学校教育中武艺是重要的内容。以“六艺”教育为例,“礼、乐、射、御、书、数”,前四艺中都有着丰富的武艺教育内容。商周重视武士教育,同时军队采取兵民合一的制度,在习武群体中,上有王族、贵族,下有平民,再到非自由人或奴隶,这就使得习武活动在商周两代从上到下深入基层,军事武术同时也即民间武术,这对后世武术的发展有着极大的促进作用。

(二)春秋战国时期的武术

春秋战国时期,车战逐渐被步战取代,形成了以步战为主、骑战和车战为辅的协同作战方式。平民的士兵代替了贵族的甲士,成为战场的主力。与之相适应,作战武器出现了长兵改短和短兵改长的情况。特别是冶铁技术的发展,从铸造工艺上解决了钢铁兵器制造的问题,极大地提高了兵器质量,丰富了运用兵器的技术,而且还使兵器种类大大增加,武器向多样化发展。

铁剑的出现,为短兵相接提供了有效的武器,剑成为军队中的主要短兵器。剑术不仅在战场上发挥着临阵杀敌的重要作用,而且在民间社会也是一种表演艺术,具有竞赛性和娱乐性。由于剑术受到社会重视,战国时佩剑、斗剑、练剑之风盛行,出现了不少技艺高超的剑术家,如越女、鲁石公等。同时,步兵的近战格斗也促进了赤手空拳的肉搏技术发展,徒手搏斗技术在春秋时期已经普遍形成,如“相搏”、“技击”、“拳勇”等。这些技术不仅被广泛应用于军事训练中,还成为民间竞技和娱乐活动的一部分。

春秋时期由于奴隶制的崩溃,“王官之学”趋于失坠,原来由奴隶主贵族在军队和学校教育中垄断武术的局面被打破,文武兼包之“士”阶层逐渐分化,文武分途。惮用力者归“儒”,好用力者为“侠”。“武侠”的出现加速了武术的专门化,他们凭借着自身的格斗技艺立足为生,游走于民间社会,游离于旧的宗法制度之外,是为“游侠”。习武阶层的下移,催生了民间武术群体,从而使得以个体相较为特点的武术逐渐脱离“开大阵”的军事武艺而获得了独立发展的主体条件,并自此诞育形成了中华武士精神。

另外,战国时期社会动荡、战争频繁,为了生存与兼并,各诸侯国都非常重视武备,纷纷推出一系列新的军训制度和选拔将士的国策,如齐国的“技击”制度、秦国的“锐士”制度等。这些措施也极大地激发了民间习武的积极性,为技击对抗性的搏斗技术的发展提供了土壤。春秋战国时期,武术的基本形态已有了初步显现。

（三）秦汉三国时期的武术

秦统一六国之后收缴天下兵器，在民间实行禁武的举措，限制了民间的练武活动。但是，军队中的习武活动仍蓬勃发展。1974 年发掘的秦始皇陵兵马俑坑，如同一座规模庞大的地下军事博物馆，向世人展示了秦代在军事方面的巨大成就。

秦代“罢讲武之礼，为角抵”，民间盛行起角抵戏。角抵是徒手的对抗项目，初始只限于摔法，不准拳打脚踢，因其安全性较高，在社会上广泛流传，还出现了专门从事角抵的艺人。到了汉代，角抵、击剑以及手持兵器的舞练表演越来越成为人们喜闻乐见的娱乐活动，这大大促进了武艺的表演、竞技和娱乐功能的发展。

汉朝为了抗击匈奴的侵扰，十分重视武备和军事训练，甚至“兵民合一”，全民的尚武之风盛极一时。到了三国时期，刀已经成为军队中最主要的短兵器。剑逐渐转移到非军事用途并继续发展。由于练武活动盛行，民间涌现了不少武术家以及不同技术风格的流派，并出现了“武艺”的名称。武艺既包括徒手的角抵、手搏以及斗剑等多种兵器的用法，也包括与攻防格斗技术紧密相连的舞剑、舞戟、对练等套路运动。这一时期还出现了许多与武术有关的理论著述，《汉书・艺文志》收录的“兵技巧”有《剑道》38 篇、《手搏》6 篇，遗憾的是这些书已亡佚，没有流传下来。

（四）两晋南北朝时期的武术

两晋、南北朝是中国历史上剧烈动荡的时代，也是中华各民族大融合的时期。北方少数民族入主中原，汉族大批南渡，社会动荡不安，各民族迁徙杂居，文化交流频繁，在民族融合中，具有南北不同特点的武术也得以相互渗透与吸收。骑射武艺受到空前重视，出现了最早的射箭银杯赛。由于南北朝的对峙局面，南方的汉族政权及时行乐、腐化堕落的思想泛滥，玄学盛行，信奉宗教，追求长生不老之术，妨碍了武艺的发展。北方的游牧民族从小就学习骑马射箭，勇敢强悍，他们进入中原，与当地汉族融合在一起，也把自己崇尚武艺的风俗习惯带到了中原地区。因此，在北方，习武成为一种社会风气，出现了许多武艺高强之士。

南北朝时期，佛教、道教等宗教迅速发展，使武术与宗教活动有了较多联系，在文化的交融中，武术逐渐与养生相结合，养生理论和炼养功法有了很大发展。其中，道教提出的炼养精、气、神思想，把肢体活动和练意行气相结合等对武术产生了深刻影响。这对后来中国武术形成内外兼修、形神兼顾的特点具有重要作用。

（五）隋唐时期的武术

隋唐时期，是中国封建社会发展的鼎盛时期，经济繁荣、国力充沛、文化交流频繁，这些都为武术的发展创造了条件。唐代开始实行“武举制”，通过考试选拔武官。武举考试的项目有七项，以枪术、射术和力量测试为主。武举科考内容的确立，促进了军队武艺的简要化、规范化发展。同时，武举制面向社会各阶层开放，武艺高强之士可以通过考试步入仕途，这极大地激发了人们的习武热情，民间尚武之风极盛，促进了武艺的提高。

兵器的技艺在隋唐有了进一步发展。枪成为战阵的主要兵器，善用枪的人很多。唐代的刀有佩刀、陌刀等，弓和弩也是军中的重要兵器，在军队装备中有显著地位。射箭理论也有了新成就，如王琚《射经》、张守忠《射记》、任权《弓箭论》等。

在军事武艺向规范化发展的同时，民间武艺在套路化、娱乐化方向上又向前迈进了一大步，这突出表现在剑术方面。唐代颇多文人和民间艺人练剑，精通剑术的人很多，持剑舞蹈成为一种社会风气，使剑术演练技巧发展到很高水平。杜甫《观公孙大娘弟子舞剑器行》生动描写了当时高超的舞剑艺术。

隋唐五代，角抵手搏继两晋南北朝的衰落之后，重新复苏而兴盛起来。除了在宫中盛行之外,在民间开展也很普遍。

(六)宋元时期的武术

宋代仍把武举作为取士之法,考试项目都有明确规定。军事训练使用统一的训练操典——教法格,对训练内容、训练方式、使用器械等都作了明确规定,从而使军旅中的兵械技艺进一步规范化。在教法格的推动下,军士武艺水平有了进一步提高。宋代还设立了武学,招收官员子弟学习武艺,教学内容除研习兵法、操练弓马之外,还讲释历代用兵成败、忠义之节的案例。因此,宋代武学的开设,提高了习武人员的理论修养,促进了武艺与兵家谋略及阴阳家思想的结合,推动了武艺训练理论、战术思想的发展。

宋代民间产生了许多武艺结社组织。结社的目的,则是在社会矛盾激化时反抗封建统治压迫,在民族矛盾激化时反抗外族入侵。北宋较著名的有“弓箭社”、“忠义巡社”等,是以农村乡社为基础的武艺结社组织。所开展的武术活动,具有较强的军事训练性质,即突出实用性,以弓弩、刀枪等兵械军事技能训练为主。南宋的城市则兴起了以健身娱乐为主要目的的武艺社团,包括“角抵社”、“相扑社”、“锦标社”等社团组织。参加武艺结社的成员,大多是市民阶层,所开展的活动以娱乐、表演为主。民间练武组织“社”的出现,促进了武艺交流,使武艺在民间扎根。

宋代商品经济活跃、城市发展迅速、市民阶层壮大,推动了市民文化的兴起,商业化的习武卖艺蓬勃发展起来,出现了大量以练武卖艺为职业的民间艺人,在城市娱乐场所“瓦舍”、“勾栏”中表演各种武术技艺。由于表演和训练需要,套子武艺开始大量出现,这些按一定程序、礼仪、动作和布局进行的武艺表演,即武术套路的雏形。

元朝以弓马取天下,非常重视军事训练,骑马、射箭、摔跤是军队练武的主要内容,传统武艺的刀、枪、棍、槌等也备受重视。但是,严禁民间私藏兵器和练武,并制有禁律,民间武艺受到严重的压制摧残。不过,元代戏曲兴盛,不少会武艺的民间艺人为求生存转而把武艺带到戏班中，充实了戏剧中的武打戏。武艺与戏曲结合被搬上舞台，使练功程式化，单练、对练等套路技术也得以流传保留，客观上为武术套路走向艺术表演化奠定了基础。

（七）明清时期的武术

明清时期，是武术集大成的大发展时期。流派林立，风格迥异的拳术、器械都得到了大发展，中国武术完整体系基本形成。其主要特征为武术理论著述丰富、武术套路技术成型、武术拳种门派形成、武术与气功结合、哲理化拳派出现。

明清之际，“文士论兵”、“武臣好文”现象特别突出，与武术有关的理论著述颇为丰富。明代以抗倭名将唐顺之、戚继光、程宗猷等为代表，对宋以来的武艺作了系统的总结和整理，把原来主要是口传身授的武术技术，用明确的文字、绘图记录下来，作为习武练艺的范本，如《武编》、《纪效新书》、《耕余剩技》等。到了清代，大量武术专著问世，如吴殳《手臂录》、黄百家《内家拳法》、苌乃周《苌氏武技书》、王宗岳《太极拳论》等。这些著作中包括拳械的图谱、口诀、技法和拳理的阐述以及练气、养气论等内容，使武术理论得到进一步丰富和发展。

明代，武术套路技术的发展已趋于成型，并明显形成了体系。“套子”在宋时即有，但多是杂耍卖艺前的简单对练表演。明代出现了记载拳术、器械套路的图谱、口诀，对套路的结构、运动形式也有了明确规定，有单练与对练两种演练形式。例如，大量与武术有关的著作在讲述套路攻防方法和动作时，用图文记录了套路的动作招式及运行路线。《纪效新书》记载的三十二势长拳，《耕余剩技》记载的刀、棍、枪套路，势和法都较明显。这些套路的共同特点是有攻防技术、战术理论、运动方法以及位移路线图。套路运行分段，方向奇数段从右往左，偶数段从左往右，最后收回原位，很有规律。此外，组成套路的每个招式都有攻防用法变法，但中间也有花法。因为有技击，才不失武术特点；有花法，才便于连接动作，使之练习兴味浓。这些内容都是构成套路的重要因素。程宗猷《耕余剩技》中所记载的刀、棍、枪等套路技术，是至今所见的最早以套路形式绘之以图的武术器械套路。戚继光的拳术图谱是记载最早的拳术套路。

流派林立、拳种众多是明清武术繁荣的一个重要标志。明代中叶以后，武术开始形成不同风格的拳种流派。明代军队中的练武，以军事实用为标准，反对“左右周旋，满遍花草”的“花法”、“虚套”。但是从健身、表演角度，作为“活动手足，惯勤肢体”的花拳绣腿却也受到群众的喜爱。在民间武艺训练中已逐步形成了以套路形式为主的练武活动，套路是拳种的载体和呈现形式。那些脱离了军阵断杀束缚的武艺技术，成为一种体育演练形式，在广阔的民间社会可以朝着各个方向发展，从而形成流派。明清时期，大量武术专著、不同武术理论的出现，对促进拳种流派的形成起到了重要作用。

明清时期，武术与气功发生了交融。在一些秘密宗教和拳会组织之间，习武与练气并行，长此以往就形成交叉，使武术技击与气功修炼相结合。《易筋经》被纳入武术，是气功与武术结合的标志性事件。民间武术家在习拳练武时，亦兼习导引行气，讲究练意、练气，内外兼修，道功合一。晚清，武术与气功深度融合，丰富了武术的锻炼方法，促进了武术在健身养生领域的普及和发展。

清末，武举制被废止，军事武艺受到挤压。民间武术摆脱了军事武艺的束缚而快速发展，各拳种流派的理论相较以前有很大进步，出现了以传统文化符号命名的拳种，如太极拳、八卦掌、形意五行拳等。这些拳术与传统文化理论结合，以中国古典哲学理论阐释拳理，指导练武实践，使武术上升为体现中华传统文化的身体文化。

三、近代武术的发展

近代，由于热火器的大量运用，冷兵器在战场上消亡，武术彻底失去了军事上的价值。但是，脱离了军阵实用的武术并没有消亡，而是朝着强身健体的运动方向继续发展，并逐步成为中国近代体育的有机组成部分。

辛亥革命后，“强种保国，增强体质”成为当时体育教育的主要目标，中国固有之武技被重新认识。在近代西方体育和军国民教育思想的影响下，武术开始了体操化改造，“中华新武术”应运而生。1911 年，马良在山东邀集一些武术名家编写新式武术教材，后经修订，确定名为《中华新武术》。1917 年，《中华新武术》成为军警必学之术，随后又被定为全国正式体操，列入学校正式课程。《中华新武术》内容包含四科，即摔角科、拳脚科、棍术科和剑术科，是马良借鉴了西式兵操的组织形式和操练方法对武术进行的体操化改造。它改变了武术原有的师徒相承的单一传授方式，适宜团体教学和操练，为武术进入学校体育课提供了可行的形式，促进了武术从传统向现代的转型。

民国时期，社会习武热潮兴起，武术成为国术，各种武术组织和团体也纷纷建立。其中，1910 年在上海成立的“精武体育会”是维持时间最长、传播最广、影响最大的体育团体。精武体育会是以商人为主体的民间体育团体，进步的商人为精武体育会的发展带来了先进的体育理念、进步的管理模式，精武分会遍布广东、澳门、香港等地区和东南亚国家，对武术的传播和发展起到了积极作用。

1928 年，国民党政府在南京成立“中央国术馆”，各省市也相继成立了地方国术馆。在“中央国术馆”的带动下，武术开始了竞技化尝试。先后在 1928 年和 1933 年组织了两场全国性的“国术国考”，进行了拳术、长兵、短兵、散手和摔跤等项目的比赛。此外，还组织过一些规模较大的武术表演活动，如 1929 年浙江国术游艺大会及 1936 年中国武术队赴柏林奥运会参加表演；举办过各种国术培训班，组织进行武术方面的学术研究活动。“中央国术馆”及各地国术馆、社所组成的国术馆系统，为近代武术教学、研究、传播、竞赛作出了重要贡献。

此后，随着新旧思潮的交锋和“土洋体育”之争的展开，人们对武术的认识逐步深化，武术观念开始革新，武术的体育化进程快速发展。同时，一些知识分子参与到武术考据学研究中，整理和挖掘武术资料，借用西方的科学理论验证武术的健身与技击效果，从而取得了一批宝贵的学术成果，促进了武术逐步向科学化方向发展。

四、现代武术的发展

中华人民共和国成立后，武术经过治理和整顿，由“国术”更名为“武术”，成为社会主义文化和体育事业的有机组成部分，得到了蓬勃发展。

（一）武术管理体制逐步形成与完善

1950 年，中华全国体育总会召开了武术座谈会，把发展武术运动提上了新中国体育工作的发展日程。1955 年，原国家体委在运动竞赛司下设武术科，后来又升级为武术处，专门负责武术工作。1958 年，中国武术协会成立，随后各个省市组织了地方武术协会、武术研究会或武术指导小组。中国武术协会的任务是“团结全国武术工作者，继承、发掘、研究、整理武术遗产，广泛推动群众性武术运动，不断提高运动技术水平，开展科研活动，协助国家体育部门研究审定武术项目的比赛和表演规则，组织全国比赛，审查考核等级裁判员和教练员等”①。中国武术协会的建立，为新中国武术有组织、有步骤地发展铺平了道路。

党的第十一届三中全会之后，武术界经过“拨乱反正”，武术工作重新步上正轨，全国各地的武术活动日趋活跃。为了适应新形势的需要，1986 年在北京成立了国家体委武术研究院，随后与武术处合并，统一管理武术工作。

20 世纪 90 年代，随着我国体育体制的深化改革，中国武术协会开始向实体化转型。1994 年，武术运动管理中心成立。武术组织结构的改革，加大了对武术工作各个方面的管理力度。此后，国家体育总局武术运动管理中心、中国武术协会、中国武术研究院作为一套班子，全面负责武术运动的管理工作。

逐步完善的武术管理体制，为武术运动的健康发展提供了组织上的有力保障，使武术在国内、国外得以全面、高速地发展。

---

① 周伟良. 中国武术史[M]. 北京：高等教育出版社，2003：122.

（二）竞技武术竞赛体系的形成与发展

1953年，在天津举行了全国民族形式体育表演及竞赛大会，武术是这次大会的主要比赛内容。1956年，又在北京举办了“十二单位武术表演大会”。在这两次表演大会的基础上，1957年，武术被列为国家竞赛项目，开始每年举行全国武术竞赛和表演。1959年，第一部《武术竞赛规则》颁布施行，标志着武术比赛开始步入正轨，进一步促进了武术的普及与提高。1960年，全国武术运动会在郑州举行，除长拳、太极拳、长器械、短器械项目之外，增设了南拳项目。从此，以长拳、太极拳、南拳为竞赛内容的竞技武术套路竞赛体系日趋完善。

在竞赛规则的推动下，武术运动员不仅打破门派的保守传统，展开相互学习，集体创编新的武术套路，而且开始吸收体操和舞蹈的相关动作，这使得武术技术开始朝着“高、难、美”的方向发展。1984年，原国家体委将全国武术表演赛改为全国武术比赛。1985年，原国家体委颁布并实施《武术运动员技术等级试行标准》，有力地激励了广大武术运动员勤学苦练、不断提高运动技术水平的热情，促进了竞技武术竞赛水平的快速提升。

在竞技武术套路比赛逐步走上正轨之后，“技击”武术的复兴进一步增强了武术运动的竞技性。1979年，在“积极、稳妥”的方针指导下，原国家体委决定首先在原北京体育学院、武汉体育学院、浙江省体委三单位进行散手试点工作，积累经验后逐步推广。1989年，经过了10年试验，散手终于成为正式比赛项目。1990年，《武术散手竞赛规则》正式颁布施行。随后，各类武术散手比赛纷纷举行。这标志着当代竞技武术在内容上正式形成练（竞技武术套路）、打（散手）兼备的格局。1999年，为了使散手竞赛进一步规范化和突出民族特色，散手被正式改名为散打。在武术套路和散打两种竞赛形式日益成熟起来之后，武术功法运动的体育化进程受到关注，国家体育总局武术运动管理中心和中国武术协会从2004年开始每年举办一次“全国武术功力比赛”。

太极拳剑、推手比赛于20世纪80年代后期兴起，逐步发展成唯一以拳种单列的全国比赛。目前,套路、散打、推手、功力等共同构成了现代武术运动的竞技体系。

自 1997 年第 8 届全国运动会开始,武术是目前全运会唯一的非奥运会比赛项目。进入 21 世纪之后,竞技武术围绕着成为奥运会比赛项目这一目标,以"高、难、美、新"为指引,从完善规则、提高裁判员水平、整顿赛风赛纪等方面积极革新,以全面提升竞技化水平。

(三)学校武术教育的普及与推广

在中华人民共和国成立初期,有识之士就提出要改造旧有的国术,融入新体育发展的潮流,积极进入学校领域。1956 年,教育部编订并颁布了新中国第一部全国通用的《中、小学体育教学大纲》,其中就设了对抗与角力的武术内容。1957 年,为了适应大众的普及化发展,在国家倡导下,相继组织武术界专家创编出版了初级拳类、初级器械类、甲乙组规定套路以及 24 式简化太极拳等套路,这些套路随后进入学校体育课中并成为武术课的主要内容,一直延续至今。

20 世纪 60 年代,武术被正式纳入国家体育教材体系。1961 年出版的体育学院本科讲义《武术》是我国第一部较为系统的武术教科书。1961 年的学校体育教学大纲中明确规定:武术在小学体育课中每学期应有 6 个学时,中学为 8 个学时。教学内容:小学从三年级起为武术基本功、基本动作、组合动作、武术操、初级拳,中学为初级拳二路、青年拳等。另外,高中教材还有青年拳对练、初级剑、初级棍术等。这一时期,体育院校的武术课设置中也有初级拳、初级器械类等内容。这些内容的设置为现代的武术教学模式奠定了基础,使学校武术教育机制进入规范化、正常化的轨道。

"文化大革命"期间,学校武术教育发展环境艰难,武术教育基本处于停滞状态。1977 年经过"拨乱反正",大、中、小学的武术教育得到了快速恢复和发展,至 20 世纪 90 年代,学校武术教育步入了全面深化发展的阶段。1992 年第四届全国大学生运动会上,武术被列为正式比赛项目,说明 20 世纪 90 年代初武术在全国范围的高校实现了普及，与此同时，大学生也具备了一定的武术运动水平。

1996年，国务院批准上海体育学院“武术理论与方法”博士学位授予权，我国第一个武术博士学位培养站成立，标志着本科、硕士、博士高层次人才培养体系正式形成。

进入21世纪之后，学校武术教育的发展上升为国家弘扬和培育民族精神的层面。2004年，中宣部、教育部联合出台的《中小学开展弘扬和培育民族精神教育实施纲要》文件要求“体育课适量增加中国武术等内容”，武术教育成为聚焦的热点。改革成为新时代大、中、小学武术教育发展的逻辑主线。“淡化套路、突出方法、强调应用”成为学校武术教育改革的指导思想。在此背景下，教育部多次组织专家编写、出版了一系列高等学校武术教材。2010年8月，由国家体育总局联合教育部组织专家创编的《全国中小学生系列武术健身操》出版；同年9月，在全国普通中小学、中等职业学校中正式推广实施。

在继承和弘扬民族传统体育文化的强烈呼吁下，2013年，以体育院校为牵头单位组建的“全国学校体育武术项目联盟”成立，标志着学校武术教育开启了教学改革的新道路。全国学校体育武术项目联盟以“强化套路、突出技击、保质求精、终身受益”为理念，提出学校武术“一校一拳、打练并进、术道融合、德艺兼修”的新思路，以实现“强身健体、自卫防身、修身养性、立德树人”为教育目的。自联盟成立后，每年都举办不同范围、不同层次的武术竞赛展演活动，从而达到以展促学的目的。在一些武术氛围浓厚、武术力量充足的地方，政府也纷纷利用当地富有特色的武术资源优势促进武术进校园。例如，湖北十堰的武当武术进校园、河北邢台的非遗武术进校园、河南省的“少林功夫＋太极拳”进校园等。

（四）社会化的大众武术兴起与开展

中国武术内容丰富、形式多样，一直广受人们的喜爱。新中国成立初期，武术经过治理和整顿，在社会上迅速开展起来。尤其是随着中国武术协会的成立，各种武术锻炼小组和辅导站等纷纷建立，掀起了群众性的武术活动热潮。1956年，原国家体委组织专家创编了《简化太极拳》，因其易学易练，在群众性武术活动中，24式简化太极拳在全国范围内成为最适应人民大众需求、参与人数最多、持续性最长的一项活动。

1982年第一次全国武术工作会议召开，提出了武术发展的方针、任务和措施，为武术运动的开展指明了方向，加之改革开放后文化思想的解禁，武侠影视、小说等媒介的传播，群众性的武术活动重新恢复和发展，全国城乡兴起一股规模空前的“武术热”。[①] 尤其是电影《少林寺》的热映，对武术社会化形成了一次最有力的推动，一大批武术馆校如雨后春笋般出现。以河南、山东、湖南三个省份为中心，各种武术馆、校、社迅速突破了一万余所，全国习武人数多达千万之众，促使武术产业的经营开发形成热潮。

1998年，在纪念邓小平题词“太极拳好”20周年之际，国家体育总局中国武术协会在天安门广场组织了万人太极拳表演，其规模之大、动作之齐、场面之壮观，震惊世人。它是新中国武术的一个缩影，通过电视媒体的转播，向世界展示了中国健身武术的成就。

为了贯彻落实《全民健身计划纲要》，进一步推动民间武术活动的开展，增强人民体质和建立规范的全民锻炼体系，1997年，原国家体委颁布实施“中国武术段位制”。武术段位制的实施，不仅使全民的武术锻炼更为规范，而且极大地提升了社会习武群体“习武考段”热情，推动了群众性武术活动的良性发展。2012年，国家体育总局武术运动管理中心制定了《关于加强“武术六进”工作的指导意见》，努力推动武术进学校、进社区、进乡镇、进企业、进机关、进军营，以服务全民健身。自2014年起，国家体育总局武术运动管理中心组织专家编写了《太极拳健康指导手册》，同时积极、稳步地推进太极拳健康工程建设。

总而言之，这一系列的政策和措施，为普及和推广武术运动、培育武术人才、弘扬武术文化发挥了重要作用。21世纪，随着我国社会经济和文化的飞速

---

① 蔡仲林，周之华主编. 武术(第3版)[M]. 北京：高等教育出版社，2015.

发展，以及人们健康意识的增强，武术运动的社会化将会越来越普及。

（五）武术对外的传播与交流

1960 年 6 月，应捷克斯洛伐克共和国邀请，新中国组织了第一支国家武术队出访。同年底，周恩来总理访问缅甸，中国武术队又跟随前往表演。从此，揭开了武术对外交流的序幕。1974 年，应时任美国国务卿基辛格邀请，中国武术代表团访问美国，成为继乒乓球队、体操队之后于中美正式建交前访美的第三支代表队。中国武术代表团在前往美国途中，先抵达了墨西哥访问、表演。访美期间，先后在夏威夷、旧金山、纽约、华盛顿表演了 16 场，运动员精彩的表演在国内外武术界产生了巨大影响。随后，中外武术交流越来越多，武术的国际影响日益显现，为之后武术走向世界做了良好的铺垫。

党的十一届三中全会以后，随着我国的改革开放，武术国际化进程加快。首先，国际性的武术组织纷纷成立。如 1985 年欧洲武术协会在意大利成立，1986 年南美武术功夫联合会在阿根廷成立，1987 年亚洲武术联合会在日本横滨成立。经过几年的努力，1990 年 10 月，国际武术联合会在北京成立。自此，武术运动在世界范围内进入了有组织的发展阶段。目前，国际武术联合会会员已经达到 120 多个。2002 年，国际武术联合会正式成为奥林匹克大家庭的一员。这是中国武术走向世界的重要里程碑。

其次，国际性的武术比赛活动也纷纷开展起来。1985 年 8 月，第 1 届国际武术邀请赛在西安举行。1987 年，在日本横滨举行了第 1 届亚洲武术锦标赛。从 1990 年开始，武术成为亚运会正式比赛项目。1991 年，国际武术联合会在北京举办了第 1 届世界武术锦标赛，此后每两年举办一次。2001 年，在三亚举办了首届世界太极拳健康大会，有近 5 000 名中外太极拳爱好者参加。2008 年北京奥运会期间，国际武联在北京举办了武术比赛，共有来自 43 个国家和地区的 180 多名运动员（含随队官员）参加了“北京 2008 武术比赛”。武术虽然不是奥运会项目，但借助北京奥运会这个平台向世界充分地展示了自己。正是这一系列国际武术比赛和国际武术交流活动的成功举办，为武术在世界上的广泛传播起到了积极的推动作用，有效提升了中国武术文化的国际影响力。

此外，在武术对外交流中，国家还借力驻外机构进行武术传播。2010 年，第六次全国武术工作会议就明确提出：与国家汉办合作，争取武术成为海外文化中心和孔子学院的教学项目。[①] 20 世纪的武术主要作为一项体育运动向国际推广传播，采取的方式主要为援外教学、开办武术国际培训班、招收留学生等。进入 21 世纪后，武术对外交流活动最大的特点就是在国家政策的指引下，作为中华民族优秀的传统文化向外推介。通过孔子学院和海外中国文化中心等平台，推动中国传统体育项目的国际化发展，武术国际化越来越受到国家的重视。

知识拓展

中国武术段位制

1997 年 12 月，经原国家体委批准，中国武术段位制开始实行。段位制是一种根据个人从事武术锻炼和武术活动年限、掌握武术技术和理论水平、研究成果、武德修养，以及对武术发展所做出的贡献，全面评价习武者武术水平等级的制度。中国武术协会是武术段位制管理和考评的最高机构。

武术段位制设晋级和晋段两部分。段前级由低至高依次设置为一级、二级、三级；段位由低至高依次设置为初段位（一段、二段、三段）、中段位（四段、五段、六段）、高段位（七段、八段、九段）。申请晋级、晋段者通过相应的考评后，获得由中国武术协会授予的段位等级证书和徽章。其中，初段位徽章为鹰，中段位徽章为虎，高段位徽章为龙。

① 国家体育总局武术运动管理中心. 中国武术发展五年规划（2010—2014）[Z]. 2010.

第二节 武术的特点与功能

一、武术的特点

（一）动作具有技击实用性

从武术的起源和发展史可以了解到，武术是因人们生存自卫的需要而产生的。就武术的本质而言，它是一项格斗搏击术。因此，武术的首要特点在于其动作的攻防实用性和实战价值。在冷兵器时代，武术的动作技术来源于技击对抗实践，经过不断地加工、提炼、总结，然后再应用于技击实践，这是历史上武术发展的基本线索。因此，武术中拳术或器械，无论是一式一法，还是打一拳、劈一刀、扎一枪，都是有攻防实用目的和作用的。近代以后，武术被逐步纳入体育范畴，武术的技击性被寓于体育之中，攻防格斗价值逐步减小。但是，在对抗性的散打、短兵等搏斗项目中，其运动技术依然体现了武术攻防格斗的特点，与实用技击术基本一致。只不过，在竞赛规则的制约下，严格规定了禁击部位和实用技术使用范畴。现代武术套路运动，技击特点有所淡化，但组成套路的主要动作仍然是由踢、打、摔、拿、劈、刺、击、砍等攻防动作构成的。虽然套路练习因遵循一定程式化的表演需要，很多动作的技术规范与技击原形有所不同，同时，为了演练的流畅而穿插、衔接了一些不具有攻防意义的动作，但是，套路演练时要求"置身于假想的战斗场合"，通过一招一式，表现攻与防的内在含义与精神，这仍然是套路技术的核心，并且在武术各个拳种的拳理中也是反复强调技击的理论。

（二）注重内外兼修、形神兼备的民族风格

"内外合一，形神兼备"是中国武术有别于世界其他武技的鲜明特点之一。

从练功方式来看，武术既重外练又重内练。所谓“外练”，主要指由人体骨骼、关节、肌肉、肌腱所组成的运动系统，以及由运动系统完成的手眼身步各种形体活动。“内练”则主要指人的精神、意识和气息的运行。在武术动作练习要领中要求调整呼吸，使呼吸和动作相互配合，进而使循环系统和其他内脏器官得到锻炼。“内练精气神，外练筋骨皮”是众多武术拳种的练功准则。如太极拳要求“以意识引导动作”；形意拳要求“松胸实腹，呼吸自然”、“三尖相照，六节相合”等。传统武术修炼讲求“整劲”、“内外合一”、“形神兼备”的泛和谐价值观，是中国传统文化特点在武术中的反映。武术根植于中华大地，在长期的发展过程中，渗透了中国传统文化的基因，形成了独具民族特点的运动形式和练功方法，是对中国传统文化的全息映照。

（三）拳种丰富，具有广泛的适应性

拳种纷呈、流派林立，是中国武术的一大特色。20 世纪 80 年代，原国家体委历时三年对武术资源挖掘整理，最后按照“源流有序，拳理明晰，风格独特，自成体系”的拳种评定标准，统计出拳种共计 129 种。不仅如此，各拳种流派还拥有多种多样的拳械套路、格斗技术与练功方法。各拳种的技术内容演练各有偏重，有的偏重于一招一式的工整演练，有的则偏重于纵横往复的形体演练。各拳种的练功方法也各不相同，有的以套路演练为主，有的主要在于功力提高，有的则追求实战效果，不同拳种有不同的侧重。就功能而言，一个拳种既可以健身，又可以修性；既可以用于防身，又可以用于娱乐观赏。总而言之，林林总总的武术内容和练习方式，构成了一个丰富多彩、气象万千的庞大技术体系，可以满足不同人群的练习需要，可以在不同国家和地区进行广泛传播，并且不受场地、季节、时间的限制。因此，武术运动具有广泛的适应性和可参与性。

二、武术的功能

(一)健身功能

武术练习是通过人的身体运动实现的,练习者只要进行适度的身体运动就能够增进健康,即使是在以武术作为技击手段的冷兵器时代,人们也没有忽略它的健身价值。武术内容丰富、形式多样,不同类别武术项目的技术特点、练习方法和要求各不相同,对人体健康有着多方面的影响,经常练习可以全面促进人的身体素质的发展,达到强身健体的效果。武术的强身健体作用,不仅体现在对外在形体的锻炼上,而且武术有许多的功法注重调息行气和意念活动,注重内外兼修,这对调节人体内环境的平衡、调养气血、改善人体机能和增强体质十分有益。王宗岳在《十三势歌》中说:“详推用意终何在?益寿延年不老春。”由此可见,武术的健身价值作用明显。

(二)防身功能

武术的本质是一项技击术,防身自卫是武术初始产生的最根本目的。在冷兵器时代,武术的技击作用是非常突出的,上至国家军政大事,下至黎民百姓私利而进行的格斗,都离不开武术。因此,武术是防身自卫的重要手段。现代武术运动,虽然远离了原有的生死搏杀的血腥环境,技击价值有所淡化,但是由于武术本身所具有的攻防技击特点,所以通过武术训练仍然可以使练习者了解、熟悉和掌握一些攻防技击技术。通过习武,不仅可以掌握各种踢、打、摔、拿、击、刺等技击动作与方法,而且还可以提高身体的灵活性和反应能力,全面增强身体素质。持之以恒地练功,还能增长劲力,提高抗击摔打的专项身体素质,从而进一步提高克敌制胜的能力。武术套路技术虽然不能直接应用于实战,但是在系统化的训练中,把各个技击技术从套路中拆解出来,然后按照固定动作进行反复对抗模拟练习,使之运用娴熟,在此基础上再过渡到二人自由运用这些技击方法进行对抗性练习，通过这种训练过程，将套路中的技击技术实用化后，同样可以用于防身自卫。

（三）修身功能

中华民族自古就是礼仪之邦。武术在中国几千年的发展历史中，受传统文化“内圣外王”的影响，一向重礼仪、讲道德，重视自我修炼，认为外在的拳脚功夫与内在的武德修养是密切联系在一起的。因此，无论哪一种武术拳种流派，除了外在技术的要求之外，都有对内的约束和追求。重视武德修养，是中国武术的传统。“未曾学艺先习礼，未曾习武先习德”、“武以德立”，这些武术谚语生动地说明了武术重德修内的特点。

武术的修身作用，不仅体现在身体动作上的习练，更重要的是在习练武术的过程中约束行为、遵守门规、修炼道德、陶冶境界。武术的学艺和练功，需要吃苦耐劳、持之以恒，以及常年不懈的韧劲，不仅能培养习武者坚忍不拔、勇敢无畏的意志品质，而且能够培育人的精神、陶冶人的情操，使人保持积极进取、蓬勃向上的朝气，这些都有益于人的全面发展。习武者与他人切磋较技要“点到为止”，不凌弱逞强，不滥用武力，待人接物宽容谦和、守诺礼让。习武者在长期坚持不辍的技艺与身心锤炼下，武德逐渐内化于深层意识之中，通过“内外兼修”的习武过程磨炼超人的胆识、品质和武功，从而达到“内圣”的要求。正是在中国传统文化的深刻影响下，武术由一门单纯的技击术发展成为一条修身的实践途径。

（四）娱乐功能

武术具有娱乐功能，古即有之。例如，赵文王喜好观看斗剑，“日夜相击于前，死伤者岁百余人，好之不厌”。在冷兵器时代，脱离了军事实战的武艺，在民间社会发展成为一种娱乐活动，如干戚舞、剑舞、打套子等武术套路雏形的表演就受到百姓的青睐，常常是“观者如云”、“经月而罢”。武术的娱乐观赏价值源自它的技击美和技艺美。武术的技击美主要通过搏斗动作的攻防实效以及套路演练动作的攻防含义表现出来。人们在观赏武术格斗运动时，从双方表现出的力量、勇敢、精妙的招式以及强健的体魄中感受到强者的力量之美、勇武之美。武术的技艺美，在于武术套路运动中有着强烈的表现力和感染力。我国传统武术有着丰富的套路表现形式，或会意或象形，或独舞或对练，高低俯仰，起承转合，构成了中国武术独特的审美意象。由于古代武术与舞蹈的密切关系，武练很早就成为观赏的艺术。通过形体动作的演练表达，表现出中国搏击技术丰富多样的形式美和深远的意境美，从而给观赏者以独特的审美体验。武术演练，既可以观赏娱乐，也可以自娱自乐。

第三节　武术的内容与分类

中国武术历史悠久、门派繁多、内容丰富，从不同的视角出发，武术可以被划分成不同的类型。如在传统的分类方法中，有按山川分为少林、武当、峨眉等门派，有按地域分为南派、北派，也有按是否“主搏于人”分为内家和外家等。由此可见，通过分类方法可以展现武术的基本内容，区分武术技术特征的不同，揭示武术运动的某些规律以及所属技术间的相互关系。

一、按照运动功能分类

现代武术按照主导功能分类，可以分为竞技武术、健身武术、实用武术、艺术武术。

（一）竞技武术

竞技武术是指为提高武术竞技水平、最大限度发挥个人运动潜能和争取优异成绩而进行的武术训练、竞赛活动。其特点为专业化、职业化、高水平，突出竞技性。在我国,竞技武术正式出现于 20 世纪 50 年代后,目前已形成一个完整的体系。竞技武术的内容主要包括竞技武术套路、竞技武术散打、太极推手、武术功力、短兵和长兵等。

(二)健身武术

健身武术是指为强身健体、提高身体素质而开展的大众化、群众性武术活动。其特点是大众性、广泛性、基础性、娱乐性。健身是为了保养生命,因此,健身武术涵盖的内容非常广泛。当前除了国家创编、推广的各种“官方”健身养生锻炼方法之外,还有一直流传于广大民间的、不同风格和特点的武术拳种套路以及各种练功功法。健身武术的出现,对武术运动的普及与发展起到很大的推动作用。

(三)实用武术

实用武术是指以军队和公安武警系统为对象的擒拿格斗项目。其特点是简单实用、一招制敌。实用武术是一种实用性、实效性较为突出的搏斗术,主要内容有擒拿术、摔跤术、擒敌拳术和器械的实战方法。当前,实用武术主要运用于军事领域和警备领域。

(四)艺术武术

艺术武术是指通过舞台灯光、服装、道具等艺术手段或带有夸张性的手法来表现武术精神内核的演艺性武术活动。例如,曾在海外引起巨大反响的大型舞台剧“风中少林”、在央视春节联欢晚会上经常出现的各类武术表演节目,还有在一些武侠影视剧中以夸张性的手法所表现出的武术样式等。艺术武术的特点是综合性、表演性、审美性,突出可观赏性。艺术武术是武术未来发展的新方向。

二、按照运动形式分类

武术按照运动形式的分类方法，可以分为套路运动、搏斗运动、功法运动三大类。

（一）套路运动

套路运动是以技击动作为内容，以攻守进退、动静疾徐、刚柔虚实等矛盾运动的变化规律为依据编成的徒手或器械的整套练习形式。按照练习人数的多少，套路运动又可以分为单练、对练和集体演练三种类型。

1. 单练

单练是指单人进行套路演练的方式，包括徒手的拳术和器械两类。例如，拳术类有长拳、太极拳、南拳、形意拳、八极拳、劈挂拳、象形拳等；器械类有刀术、剑术、鞭杆、枪术、棍术、三节棍、九节鞭等。

2. 对练

对练是指两人或两人以上、按照设定的攻防条件进行的假设性攻防格斗练习的套路形式，包括徒手对练、器械对练、徒手与器械对练三项内容。例如，徒手对练有对打拳、对擒拿等；器械对练有对刺剑、对扎枪、单刀进枪、三节棍进枪等；徒手与器械对练有空手夺刀、空手夺棍等。

3. 集体演练

集体演练是指六人或六人以上的集体进行的徒手、器械或者徒手与器械结合的套路练习形式，如集体基本功、集体拳、集体剑等。演练可变换队形，可用音乐伴奏，要求队形整齐划一、动作协调一致。

（二）搏斗运动

搏斗运动是指两人在一定条件下按照一定的规则进行斗智、较力、斗技的对抗性实战格斗形式。目前主要有散打、推手、短兵、长兵等项目。

1. 散打

散打又称散手，古称手搏、白打，是指两人在一定条件下，按照一定的规则，使用踢、打、摔等方法制胜对方的竞技体育项目。

2. 推手

推手是指两人按照一定的规则，使用掤、捋、挤、按、採、挒、肘、靠等太极技击方法，双方沾粘连随，寻机借劲发力以此制胜对方的竞技运动。

3. 短兵

短兵是指两人手持一种特制的短器械，按照一定的规则，运用剑法和刀法进行攻防对抗的竞技项目。

4. 长兵

长兵是指两人手持一种特制的长器械，按照一定的规则，运用棍法和枪法进行攻防对抗的竞技项目。

（三）功法运动

功法运动是指为达到健体或增强某一特殊身体技能而编组的专门练习。武术功法伴随着武术的发展而发展，其内容丰富、形式多样。流传至今的各拳种和流派大多有本门独特的功法练习方式。从练功目的划分，传统功法运动主要有武术柔功、轻功、外壮功、内壮功四种类别。

1. 柔功

柔功是指为了提高人体关节活动幅度和肌肉伸展性而采用各种专门的方法和手段进行的一系列练习。例如，武术基本功中的各种压腿、搬腿、下桥、压肩、涮腰等都属于练习柔功的方法。

2. 轻功

轻功又称为“弹跳功”，泛指通过各种专门的练习方法和手段，以增强弹跳能力而达到蹦得高、跳得远之功效的功法运动。现实中的“轻功”与影视剧中夸张的“飞檐走壁”、“水上飘”不同，习练此功者在坚持不懈的训练下，其弹跳力远胜一般常人。

3. 外壮功

外壮功即“硬功”，泛指习武者通过专门的训练手段和方法，使身体具有比常人更加突出的击打、抗击打等能力，以达到强筋壮骨之功效的功法运动。例如，“铁砂掌”、“金刚指”、排打功等。

4. 内壮功

内壮功又称为“内功”，泛指习武者通过专门的训练手段和方法，对人体内在脏腑、经络、血脉及精气神的修炼，以达到精足、气壮、神明、内脏坚实、经络血脉通畅、内壮外强之功效的功法运动。练习内壮功的方法非常丰富，静坐法、站桩法等都是较常见的锻炼内壮功的方式。

思考题

1. 什么是武术？你所理解的武术是什么样的？

2. 武术运动具有哪些特点和作用？

3. 古代武术与现代武术有哪些不同之处？

4. 现代武术有哪些内容？

第二章

武术礼仪

学习目标

通过本章学习，明晰武术礼仪的发生、发展历程，体会武术礼仪的独特魅力，掌握武术礼仪的丰富内涵与实践应用。正确认识武术礼仪与传统文化的关系，对传统武术礼仪做出客观的评价，汲取、传承、发扬武术礼仪中的合理内容，摒弃不合理的内容，同时借鉴现代社会礼仪中的精华，对武术礼仪进行创新和建设。

学习任务

1. 掌握武术礼仪的发生、发展历程，正确认识武术礼仪与传统文化的关系。
2. 明确武术礼仪的内涵，了解中华武术礼仪相较于其他搏击术的独特性。
3. 把握武术礼仪的实践运用，能够客观评价、传承、发扬武术礼仪。

华夏民族素有“礼仪之邦”的美誉，中华武术亦是建立在中华传统文化之上，在传统“礼”文化的孕育下，武术形成了具有中国传统特色的武术礼仪。“学艺先学礼，习武先习德”，武术礼仪是人们在掌握武术技能的同时，为了维系社会的正常生活秩序所需要共同遵循的一种行为规范，即武术练习者为了维护武术的正常秩序而遵循的规范。

第一节　武术礼仪的形成与发展

一、武术礼仪的概念

礼仪，是人们在生活、生产、社会交际等各种活动中所遵循的社会规则和道德规范。[①]"礼"更多体现一种制度、规则，是一种社会意识观念，"仪"则更多是"礼"的具体体现。古人将礼看作为人处世之根本，礼可大可小，大至国家政治制度，小到个人行为举止，都离不开礼的规范。[②]

武术礼仪是一种约定俗成且世代相传的文化仪式，贯穿于整个武术活动的始终（拜师、学艺、比武、演武等），并在服饰、谈吐、气质、言行等方面也有体现。[③]武术礼仪在产生之初也是一种行为规范，其承担着对习武之人的约束作用。由于习武之人比一般人具备更强大的力量，因此更加需要行为规范和道德约束保证其不伤害统治阶级和其他社会人群。[④]后来，随着历史的演进与文化的融合，武术礼仪演变为包含制度、法规、生活方式、伦理风范等多种功能的文化产物。

二、武术礼仪的产生与发展

武术礼仪不是独立存在的。中华民族素有"礼仪之邦"的美誉，在传统"礼"文化的孕育下，武术形成了具有中国传统特色的武术礼仪。"未曾学艺先学礼，未曾习武先习德"，武术礼仪要求习武者"守礼、重礼"，甚至到了针锋相对、两两交手的对阵之际，仍要先拱手行抱拳礼，待比武结束还要再互相行抱拳礼，始终

---

① 王炜民.中国古代礼俗[M].北京：商务印书馆，1997：2.

② 蔡峰，张建华，张健.武术礼文化的内涵探讨及其价值研究[J].沈阳体育学院学报，2018，37(02)：138—144.

③ 蔡峰，张建华，张健.武术礼文化的内涵探讨及其价值研究[J].沈阳体育学院学报，2018，37(02)：138—144.

④ 张继生.中华武术礼仪[M].北京：中国旅游出版社，2013：3.

做到谦卑有礼、仁义为先、不乘虚而入等。“仁、义、礼、智、信”等传统礼仪的内涵也是武术礼仪中所需要遵循的准则，由此可见，武术礼仪的产生与发展是受其上位概念“传统礼仪”的影响并相伴而生的。

传统礼仪深受儒家文化的影响。而早在孔子之前，礼的制度就已经比较完善，直至春秋末年，奴隶社会衰亡，封建社会作为新兴的社会形式逐渐取代奴隶制，孔子结合当时社会的道德价值判断，使周礼得到了进一步继承与发展。《论语》中“礼”字出现了 74 次，其中孔子有关礼的论述达 34 处，据此可见礼构成了儒家思想的核心内容。孔子曾主张“志于道，据于德，依于仁，游于艺”，旨在应立志于道，笃守于德，归依为仁，活动于礼、乐、射、御、书、数六艺，当然这也包括重要的一方面——武艺。例如，流传后世的“礼射”要求严格按照礼仪规范进行，并在音乐的伴奏下完成各种动作，是武术与礼仪文化、教育和艺术相结合的典范。孔子的“君子之道”也是礼仪的重要内容，“子谓子产，有君子之道四焉：其行己也恭，其事上也敬，其养民也惠，其使民也义”、“君子矜而不争”等，正是这样礼乐教化的客观环境，使得习武人逐渐形成尊师重道、恭敬谦让、师承严格、武德戒律、身心双修等行为准则，这些行为准则和规范经过历史的梳理、文化的积淀，不断完善、充实，使习武人形成恭敬谦让的优良传统，演变出现在习武人遵循的武术礼仪中。

第二节 武术礼仪的内涵

我国传统武术礼仪文化的内容，具体表现为对武德方面的要求，可分为一般性武德要求和专门性武德要求两类。一般性武德指中国传统礼仪文化中所要求的道德规范，如仁义忠孝、尊师重道等。专门性武德指对习武之人在精神、品格等方面的特殊要求，如见义勇为、侠义精神等。武术礼仪的内涵主要表现在：

一、尊师

师徒关系是传统武术礼仪的核心内容。传统武术中的师徒关系，本是多边社会关系中的一种。师徒相互选择几乎是所有文化艺术门类传承中的一个普遍现象，它的关键在于确定一种“关系”以及在这种关系下各自所承担的义务。同时，师徒关系作为习武过程中的一种特殊存在方式，是与社会进步、文化发展、科学技术及生产力发展水平相适应的，即在不同的社会生产方式和教育条件之下，师徒关系有不同的存在形态。可见，在古代各大武术门派中，师父就相当于家长，徒弟就相当于子女，“一日为师，终身为父”，儒家“父为子纲”在传统师徒关系中也体现出来，爱徒敬师、尊师重道也是反映了这种宗法伦理的关系。[①] 如民国时期意拳创始人王芗斋在论及择徒时认为，“首重德性……如尊师敬长，重亲孝长，信义仁爱等，皆是也”[②]。《少林戒约》要求：“尊师重道，孝悌为先。平日对待师长，宜敬谨将事，勿得有违抗及傲慢之行为。”[③]

二、仁爱

在武术礼仪中，强调“仁者爱人”，指在处理人际关系中要做到友善他人、推己及人，平等地对待每一个人，不能因为有一技之长而出现欺压、霸凌。这里的“爱人”也就是儒家所说的“泛爱众”，由爱护身边的人推及爱护周围的每一个人，做到宽容、体谅、耐心、谦虚。由于习武之人比寻常人有更强大的力量，这也意味着被赋予了更多的责任，即指报效国家、心系百姓、胸怀天下的使命担当。

三、诚信

诚信是武术礼仪长期以来尊崇的重要原则。“人无信不立，业无信不兴，国

① 毛海涛，黄利华，蔡清顺. 浅析中华传统武术的礼仪教育[J]. 北京体育大学学报，2007，30(S1)：628—629.

② 王芗斋. 拳道中枢[M]//姚宗勋. 意拳：中国现代实战拳术. 北京：北京体育学院出版社，1989.

③ 李金龙. 论中西传统体育基本思维方式的特征[M]. 北京：人民体育出版社，2002：30.

无信则衰。”后人又在孔子“信”的基础上提出了“诚”，如《礼记》中提及的“诚意、正心”。《中庸》中也提及：“诚者，天之道也；诚之者，人之道也。”“诚者，自成也。”诚信既是古人对于为人处世的基本要求，也是习武之人一直践行的道德规范，在武术发展的今天，诚信依然存在于方方面面。例如，在武术比赛中做到诚信参赛、实事求是，不能出现有违道德风尚的行为；在训练生活中要诚信踏实，不能偷奸耍滑、贪图享乐。正是这样的道德追求，才能让习武之人在充满利益取舍的环境下继续走正确的道路。

四、侠义

侠义精神是武术礼仪中所特有的。唐代李德裕《豪侠论》即指出：“夫侠者，盖非常人也。虽然以诺许人，必以节义为本。义非侠不立，侠非义不成，难兼之矣。”可见“义”对侠者之重要，二者不可离之须臾。而在司马迁的《史记·游侠列传》中，我们看到的义是被反复强调的侠客身上的一种江湖义气：路见不平，拔刀相助；重诺言，轻生死；肝胆相照，义气如山。在这里，“义”是“侠”的内涵、精神、动力。因此，武术礼仪中“义”不仅指思想上的仁义，更多代表行为举止中的正义。“作风正派，浩然正气”、“君子坦荡荡”，“义”正是习武之人理想人格的追求，也是其自我实现的内在根据与出发点。武术伦理和礼仪讲究“杀身成仁，舍生取义”。历代武术先烈们“舍生取义”的故事在中国几千年的历史长河中一直闪烁着璀璨的光芒，被无数贤人志士推崇、实践，成为历代习武之人处世的格言。时至今日，其中所体现出来的人格魅力也丝毫没有褪色。

第三节　武术礼仪的实践运用

一、武术的基本礼仪

武术实践中，我们通常讲的基本礼仪是指武术的抱拳礼。武术抱拳礼的行礼方法(见图 2—1):身体并步直立,两臂屈肘于胸前,左手四指并拢伸直,拇指屈拢;右手握拳,左掌心抱贴右拳面(左指根线与右拳棱相齐),拳掌合于胸前,与胸相距为本人的 2～3 拳(20～30 厘米)。头要正,目视受礼者,面容举止自然大方。[①] 抱拳礼是在传统作揖礼和拱手礼的基础上结合中国传统价值观念改造而形成的最具有中国特色的武术礼仪。抱拳礼内涵丰富,主流说法认为,拳头代表武力却要被掌遮挡,左掌的拇指同时也要内扣,均表明习武之人谦逊自持的礼仪规范,还有“左掌为文,右拳为武,文武兼学”的武德要求。抱拳礼对人产生了深远的影响,以至于人们一想起武术礼仪就习惯性地把抱拳礼当成武术礼仪的全部,但抱拳礼只是武术最基本的礼仪。习武群体中不同身份的武术人,其礼仪表现也是不同的。拜师礼和跪拜礼多存在于师徒间,鞠躬礼是同门之间的礼仪,抱拳礼多适用于同门之外的交流、训练、竞技等武术社会活动中。[②]

图 2—1　抱拳礼

---

① 门惠丰,阚桂香.东岳太极拳[M].北京:人民体育出版社,2011:30.

② 蔡峰,张建华,张健.武术礼文化的内涵探讨及其价值研究[J].沈阳体育学院学报,2018,37(02):138—144.

二、武术的拜师礼仪

传统武术的传承发展关键在于继承人的选择，所谓“谈玄授道，贵乎择人”，也足以说明选择继承人的重要性。由于受到传统礼制的影响，在接收继承人的仪式上也马虎不得。且在中国传统文化中，师徒关系几乎等同于父子关系。[①]据学者周伟良研究指出：“拜师过程中首先是需要介绍人，介绍人在北方的许多拳种中被称为‘引师’或曰‘接引师’，又名‘引进师’。顾名思义，是起到师徒关系的结识作用，一般需要 1～2 名。有些特别讲究拜师仪式的拳种，如梅花拳，还专门设有一个‘送师’，即负责把由引师介绍来的弟子送到拜师场所。拜师时引师必须到场，有送师的送师也必须到场，这就是所谓的‘三师在位’(引师、送师、师父)。第二是拜师者在正式磕头前必须写有拜师帖子。按照习惯，这种拜师帖又叫‘门生帖’。拜师帖的内容简繁不一，但格式大体相同，写有拜师者的姓名、师父的姓名，有的还要写上介绍人引师的姓名以及拜师的年月日期。‘磕师’的意思是向老师行叩头礼，表示敬意。磕师是确立‘一日为师，终身为父’的师徒关系的最集中体现，也是传统社会中尊卑长幼伦理规定的折射。随着社会的进程，以上磕祖拜师的内容在不同程度地变化，但拜师程式中需要介绍人、递帖和拜师的三个结构，至今或在观念上或实践中仍被许多拳种普遍延续着。”

三、武术的比武礼仪

切磋比武，是检验武术功力的重要手段。武术比武会激发参与者的胜负意识，而这种胜负过程中表现出来的行为品质是与参与者的声望密切相关的。因此，比武不仅仅是武术功力的比较，更是武术礼仪与道德修养的比较。比武之礼要求参与者：以武会友，以交流感情为主，多为点到为止，不到万不得已不下重手，不使用“阴招”，不乘虚而入，无论输赢都不能伤了和气(见图 2－2)。毕

---

① 毛海涛，黄利华，蔡清顺. 浅析中华传统武术的礼仪教育[J]. 北京体育大学学报，2007，30(S1)：628－629.

竟招式只能取得技术上的胜利,而礼仪修养才能真正赢得人心。历史上,为达目标不择手段最后自食其果的案例比比皆是,而武无止境,若没有虚怀若谷的胸襟和谦虚有礼的品质,很难在武学上有更高的造诣与突破。一般来说,越是武功高强的人,待人越谦和。他们遇事多能忍让,不轻易与人发生冲突,不到万不得已不会出手伤人。因此,古代侠者为了达到这样一种精神上的自我超越,往往会产生一种虔诚心理,以常人难以忍受的毅力,投入毕生的时间和精力,历尽艰难险阻学得武艺,去有效地奉行最高层次的武礼追求。

图 2—2 比武礼仪

四、武术的服饰礼仪

在礼文化的影响下,中国传统服饰形成一系列独特的艺术符号及审美观念,武术人日常着装也折射出武术特有的伦理道德观。服饰文化作为礼文化的重要载体,对武术的发展产生了重要的影响。传统武术服饰讲究含蓄美,体现了东方独有的审美价值观[①],如太极服的舒展大方和飘逸含蓄对武术人崇德尚礼性格的塑造同样具有积极意义(见图 2—3)。可见,中华武术服饰展现了东

① 蔡峰,张建华,张健.武术礼文化的内涵探讨及其价值研究[J].沈阳体育学院学报,2018,37(02):138—144.

方文化中的典雅、庄重、神秘，在彰显遮羞、保暖、修饰等工具性价值的同时，也具有伦理教化和文化载体的理性价值。儒家礼文化对武术服饰的影响已然深远，武术服饰（包括款式、色彩、面料、图案等）作为传统礼文化的载体，具有符号象征的意义。武术习练者通过武术服饰文化在实现民族认同、文化复归的同时，也将传统东方人含蓄审美的特点表露无遗。

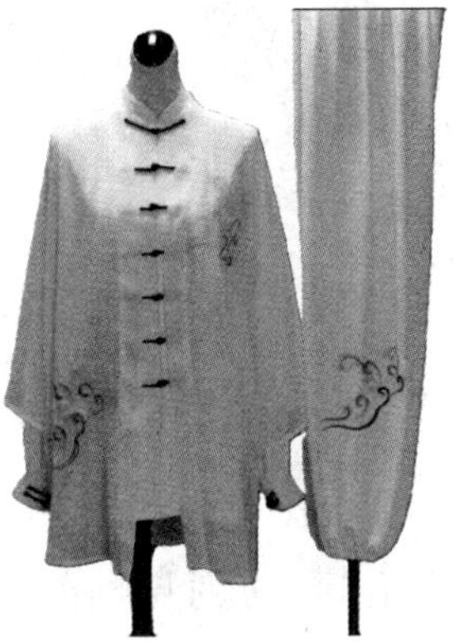

图 2—3　武术太极服

五、武术的持械礼

（一）抱刀礼

并步站立，左手抱刀，屈臂使刀斜横于胸前，刀背贴于小臂上，刀刃向上；右手成掌，以掌心附于左手拇指第一指节上，高与胸齐；两手与胸间距 20～30 厘米，目视受礼者（见图 2—4）。

图 2—4　抱刀礼

（二）持剑礼

并步站立，左手持剑，屈臂抬起，使剑身贴前臂外侧斜横于胸前；右手成剑指，附于左手食指根节，高与胸齐；两手与胸间距 20～30 厘米，目视受礼者（见图 2—5）。

图 2—5　持剑礼

（三）持棍礼

并步站立，右手握棍把端（靠把端 1/3 处），屈臂于胸前，棍身直立，棍梢向上；左手成掌，附于右手拇指第二指节上，两臂外撑，肘略低于手；两手与胸间距 20～30 厘米，目视受礼者（见图 2—6）。

图 2—6　持棍礼

（四）持枪礼

并步站立，右手握棍把端（靠把端 1/3 处），屈臂于胸前，枪身直立，枪尖向上；左手成掌，附于右手拇指第二指节上，两臂外撑，肘略低于手；两手与胸间距 20～30 厘米，目视受礼者（见图 2—7）。

图 2—7　持枪礼

（五）运用场合

抱刀礼、持剑礼、持枪（棍）礼一般在武术竞赛、表演、训练活动中器械动作开始或者结束时应用。

六、武术的接递械礼

（一）刀

递刀礼：并步直立，左手托护手盘，右手托刀前身，使刀平横于胸前，刀刃向里，目视接刀者。

接刀礼：开步站立，左手掌心朝上托刀于递刀刃者两手之间，右手心朝下接握刀柄，目视右手接刀。（图 2—8）

图 2—8 接递刀礼

（二）剑

递剑礼：并步直立，左手托护手盘，右手托剑前身，使剑横于胸前，剑尖朝右，目视接剑者。

接剑礼：并步直立，左手掌心朝上托剑于递剑刃者两手之间，右手心朝下接握剑柄，目视右手接剑。（图 2—9）

图 2—9 接递剑礼

（三）棍

递棍礼：双手靠近握棍于把端处，左手在上，两臂屈圆，使棍竖于体前，棍梢朝上，目视接棍者。

接棍礼：并步直立，两手虎口朝上，上下靠拢，左手在上，靠近递棍者手下部接握，目视双手接棍。（图 2—10）

图 2—10　接递棍礼

（四）枪

递枪礼：双手握枪于把端处，左手在上，两臂屈圆，使枪竖于体前，枪尖朝上，目视接枪者。

接枪礼：并步直立，两手虎口朝上，上下靠拢，左手在上，靠近递枪者手下部接握，目视双手接枪。（图 2—11）

图 2—11　接递枪礼

（五）运用场合

接递刀礼、接递剑礼、接递枪（棍）礼一般在武术竞赛、表演、训练活动中交换、传递武术器械时应用。[①]

第四节　武术礼仪的现代创新

传统礼仪文化既有精华也有糟粕，只有认清这点，才能让传统的礼文化为今所用。武术礼仪亦是如此。“夫礼者，所以别尊卑、异贵贱。”[②]“礼者，贵贱有等，长幼有差，贫富轻重皆有称者也。”[③]经典著作中论述礼的本质与目的，主要体现为分贵贱、别尊卑、明长幼，传统的礼学思想具有严重的等级观念，体现了

① 张继生. 中华武术礼仪[M]. 北京：中国旅游出版社，2013：3.
② 刘安. 淮南子[M]. 陈静译注. 郑州：中州古籍出版社，2010：164.
③ 荀况. 荀子译注[M]. 上海：上海古籍出版社，1995：183.

一定的封建性，这是历史时代性的使然，我们应该摒弃其不合理的部分，但是长幼有序、敬老尊老的观念是值得和必须继承下去的。[①] 在礼仪背后，更重要的是其深厚的文化内涵。武术与其他搏击术传承最大的区别是，武术不仅是技术层面的传承，更是文化的传承。

然而，武术礼仪文化在当代正逐渐被遮蔽、遗忘。有研究发现，当前中国武术礼仪文化严重缺失，多数武术运动员、教练员只重技术，不重礼仪道德，武术礼仪只作为一些基本程序和象征意义。[②] 武术礼仪的遗忘具有多方面的原因：在传承方式上，传统的师徒传承方式逐渐被业缘传承取代，武术传统精英化的培养已然变成如今流水线式的生产。在培养周期上，传统武术的出师有时候是几年、十几年，而现在的武术训练周期较之以前缩短了很多，必然导致武术礼文化教育的减少。在思想观念上，武术传承中礼德被忽视的原因在于现代人重视效率、追求速成的心理。武术的快餐式消费导致了文化的陷落，武术被竞技化和市场化冲击得七零八落，武术习练者贪多求全等心理使得武术本身具有的文化被人为切割，武术文化优势没有被现代人认清。[③]

传统武术礼文化在培养传统中国习武者的过程中发挥了重要的育人功能，成为传统习武者社会化的桥梁和纽带。历史发展到了今天，面对传统武术礼文化，既要继承又要超越是我们应该采取的正确态度。对于仁爱谦和、扶危救困、见义勇为、尊敬师长、专心致志、勤奋刻苦、意志坚强、诚实守信、文明礼貌等思想和价值观应该继承并发扬光大。同时，对传统“拜师礼仪”可以有选择地加以改造，对于一些带有封建迷信和表面文章的武术礼仪内容、封建等级观念、君臣观念和门户观念都应该予以抛弃。应该形成的是社会主义提倡的新型平等人际关系、互敬互爱的新型师徒关系、集体主义和爱国主义精神，以及开放包容的

---

① 蔡峰，张建华，张健. 武术礼文化的内涵探讨及其价值研究[J]. 沈阳体育学院学报，2018，37(02)：138－144.

② 程世帅. 论中国武术礼仪文化的缺失与回归[D]. 湖南师范大学，2012：25－26.

③ 蔡峰，张建华，张健. 武术礼文化的内涵探讨及其价值研究[J]. 沈阳体育学院学报，2018，37(02)：138－144.

胸怀。在武术礼仪方面,应该继承的是传统武术礼仪中的抱拳礼、注目礼、持械礼、递械礼、接械礼等动作规范。

目前,竞技武术已经有相应的礼仪规范。武术礼仪中基本的行为举止规范在现代武术比赛中已经予以体现。在最新版《传统武术套路竞赛规则(2024)》中可以看到对礼仪的明确要求,武术运动员在听到裁判长点名上场时、完成比赛套路并步结束后及裁判长现场宣告成绩时,应向裁判席行抱拳礼。早在《武术套路竞赛规则与裁判法》2012 年版中就对参赛运动员的抱拳礼有了明确要求,此外还对参赛器械、服饰做了详细规范,如必须对襟、灯笼裤、灯笼袖等。但是,想要真正回归武术礼仪的本源,上述这些还远远不够,转变人们对于武术礼仪的观念也至关重要,尤其是武术的传承人、习练者和传播者。这个过程需要每一位武术爱好者在练习技术的同时,也自觉学习武术的理论知识,提高自身素质。只有每一位武术人践行礼仪并影响身边的人,这种辐射效应才会影响周边更多的人,使得武术礼仪重新受到人们的重视,这样国家才有力量,社会才有风尚,人民才有信仰。

思考题

1. 简述武术礼仪的概念。

2. 武术礼仪的内涵是什么?

3. 根据武术礼仪的规范要求,该如何递刀和接刀?

4. 武术礼仪中,哪些内容应该传承?哪些内容应该摒弃?

第三章

武术与传统文化

学习目标

通过本章学习，了解武术与中华传统文化的关系，体会武术独特的文化魅力，树立民族自豪感，感受武术文化源远流长的强大生命力，激发文化自信，积极发扬武术文化中的精华部分，能够理论结合实际，践行武术习练者的使命担当。

学习任务

1. 了解武术与中国传统哲学的关系，多维度看待中华武术。
2. 明晰武术与中国传统医学的关系，能够运用到实际教学、练习、生活中。
3. 把握武术与中国传统美学的关系，认识到中华武术的独特之美。
4. 认识武术与中国民俗文化的关系，能对武术民俗文化做出客观评价。

中华武术根植于中华传统文化的土壤之中，因此，武术在发展过程中受到许多古代中国传统文化的影响，使得武术的训练方法、动作要领、文化素养等各个方面都与中国传统哲学、医学、美学和民俗文化有着深厚的联系。正是由于传统文化的影响，武术才从一般的搏击术变成了具有厚重内容、内涵丰富的传统体育项目，才使武术的发展有了生命的灵魂，也才有了今天百花齐放的中国武术文化大观。

第一节　武术与中国传统哲学

武术是中华民族传统文化瑰宝中的一颗明珠，其之所以具有如此强大的魅力，根本原因在于它根植于有数千年历史的华夏文化的沃土之中，蕴含着深刻的中国哲学思想。[①] 在这样的历史环境下，使得武术从名称拳理、文化内涵到训练方法、技术要领等各个方面都透露着浓厚的传统哲学思想。最早的武术理论可以追溯到春秋战国时期，百家争鸣的思想文化逐渐沉淀为各个学派的理论，形成了诸子百家，其中对当世乃至后世武术影响较为深远的是墨家、儒家、兵家和道家思想。虽然在这一时期，墨、儒、兵、道的理论并没有直接转化为成熟的武术理论，但已经可以发现，此时习武者的行为模式蕴含了各家的核心理念与价值。[②]

一、武术与墨家思想

最早作为武士的侠，其根本的行动信条和思想理念源自墨家。墨家刻苦耐劳、勤俭节约、兼爱互利的思想和救世献身的精神，构成了武术人的精神和价值底层。武术精神真正的源头为墨侠一派。墨家重视实践经验、强调践履的作风影响深远，像清初颜元、李塨都是外儒内侠的杰出代表。墨家的核心思想是“兼爱”，而“兼爱”的基础是“非攻”，主要体现为相爱相利、互不攻打，旨在解决纷争与实现人的终极关怀。相较于儒家的“差别之爱”，墨家“爱无差等”的平等观更具理性光辉与伦理价值。

墨子作为“博爱”思想提出的第一人，曾与其弟子不惜冒着生命危险，多次

---

① 陈义. 析武术理论的哲学基础[J]. 上海体育学院学报，2004(02)：60－62，76.

② 张震. 中华武术通史(第一卷)[M]. 北京：北京体育大学出版社，2021.

组织帮助弱小国家抵御强国的攻伐，如“阻楚攻宋”和“止齐攻鲁”。在乱世中实现“非攻”的手段只能是捐己之躯，因此，出身墨家的武士极富个人牺牲精神，随时将个人安危置身事外，只要能实现弱者的利益，造就众人的福祉。中国武术由于深受墨家思想的浸润，也蕴含着非攻的文化基因，武术技击的愿景并非伤害对手，而是通过强大的武力与道德力战胜对手，希冀实现止戈为武的和平理想。墨家的非攻止战理念提升了武术的道德境界，习武者在防身御敌与惩暴制恶过程中，须出手有度、适可而止。在非攻、尚和的价值引领下，“不重伤”的技击原则体现了习武者对生命的尊重与“以人为本”的人性关怀。拳谚中的“八不打”、“手下留情”、“倒地判胜负”、“点到即止”等训诫，充分彰显了中国武术技击的节制性、伦义性。[①] 在武术“和德”的理念感召下，原本作为杀人之技艺的中国武术，逐渐演变为止杀劝和的利器，内化为历代习武之人重要的精神元素。[②]

墨家不矜于身的特点并非表明墨家武士对于生命就是绝对漠视的。如墨子所言，“予子天下而杀子之身，子为之乎？必不为，何故？则天下不若身之贵也”，“争一言以相杀，是贵义于其身也。故曰：万事莫贵于义也”。身贵于天下，只有遇到大义，方才值得舍身取之，为保众人，不惜伤身。墨子还要求武士行侠仗义的前提是自身要练就一身好武艺，要做到睿智、敏锐。“身怀高超武艺，心怀凛然大义”便是墨家真正想培养的理想中的人才，所谓“有游于子墨子之门者，身体强良，思虑徇通，欲使随而学”[③]。

二、武术与儒家思想

以孔子、孟子、荀子为代表的春秋战国儒家思想对后世的武术影响深远，包括孔子及其学生在内的早期儒者也都身怀高超武技，而且儒家还与墨家渊源甚

---

① 戴国斌，刘祖辉，周延.“锻炼行道，练以成人”：中国求道传统的武术文化实践[J].体育科学，2020，40(02)：29.

② 蔡峰，张健，张建华.墨家思想对中国武术技击谋略及道德精神的影响与会通[J].河北体育学院学报，2022，36(03)：83－88.

③ 张震.中华武术通史(第一卷)[M].北京：北京体育大学出版社，2021.

深，墨子早期在鲁国曾是从儒者。早期武术家“信”、“诚”、“义”、“爱”、“勇”等核心思想来源皆为儒家，因此，中华武术的思想内核与儒家息息相关。“拳以德立”、“尚武崇德”都是儒家思想在武术中的具体体现。关于人的德性，孔子强调仁和义，特点是仁。义是事之“宜”，即“应该”。社会中每个人都有一定的应该做的事，必须为做而做，因为做这些事在道德上是对的。如果做这些事只出于非道德的考虑，即使做了应该做的事，这种行为也不是义的行为。

武术界为了避免这种情况的发生，提出了“未曾学艺先学礼，未曾习武先习德”，并在训练中提出了练武与修身的统一。武术的伦理思想还表现在对习武者修养品质、为人处世方面的要求。各个门派无不要求弟子们尊师重道、孝悌为先、谦逊质朴等。在授徒方面主张择人从严，以忠厚诚朴者为最佳。武当派武学中有五不传：心险者、好斗者、狂酒者、轻露者、骨柔质钝者。峨眉派武学强调不仁者不传，认为谈玄授道，贵乎择人。苌家拳规定学拳宜以德行为先。咏春拳习练时要求善正其心、善守其德。择徒与训练的严格要求是武术中“仁学”思想的充分体现。武术的“仁学”还体现在武技的运用上。武术技术主要以制服对手为主，而且主张避免伤人性命。比如主张技击之道、尚德不尚力、重守不重攻。在切磋比武时有“八打八不打”的讲究，八打的部位都是不致命的，而八不打的部位都是致命的。另外，在武术的切磋比试中，主张交流技艺，点到为止。这正如孔子用礼来规范射箭比赛一样，从仁爱的角度规范比赛的“君子之争”，正是儒家思想在武术中的具体体现。①

三、武术与道家思想

从现有的史料和考古证据看，老子在春秋战国时期并没有对武术产生任何直接的影响，在武术思想理论领域有所建树的主要是庄子。庄子最得老子思想之精髓，故后人并称为“老庄”，因此老子的哲学思想仍对后世武学产生了深刻的影响。“道生万物”是老子关于宇宙生成问题的基本观点，老子认为道虽然无

---

① 陈义.析武术理论的哲学基础[J].上海体育学院学报，2004(02)：60－62，76.

法被称述言说，所谓“道可道，非常道”，却断定它是天地万物之母，是宇宙生成的最终根源。其主要观点体现在两句话上，即“道生一，一生二，二生三，三生万物”和“天下万物生于有，有生于无”。太极拳基本理论的“无极”一词即来自《老子》。王宗岳《太极拳论》说：“太极者，无极而生，动静之机，阴阳之母也。”太极拳原理是由无极而太极，进而才有动静、阴阳等千变万化。《太极拳论》说：“虽变化万端，而理唯一贯也。”它指出拳技千变万化之中贯穿着一个“理”，实质上就是老子所谓的“道”。太极拳的根本思想认为由“理”即“道”生出了阴阳、动静、刚柔、虚实种种相反相成、互为因果的千变万化，实即“道生万物”理论的体现。孙禄堂《拳意述真》有云，“夫道者，阴阳之根，万物之体也”，“在物曰理，在拳术曰内劲。所以内家拳术有形意、八卦、太极三派形式不同，其极还虚之道，则一也”，指出“道”为拳术之根本。可见“道生万物”对武术理论的形成作用是显而易见的。①

庄子的武学思想理论主要在剑术。《庄子・人世间》载：“且以巧斗力者，始乎阳，常卒乎阴，泰至则多奇巧；以礼饮酒者，始乎治，常卒乎乱，泰至则多奇乐。凡事亦然，始乎谅，常卒乎鄙；其作始也简，其将毕也必巨。”其提出的“巧斗力”和“阴阳互变”的格斗理论，以及“示之以虚，开之以利，后之以发，先之以至”的以虚击实、后发而先至思想，深刻影响后世武学，是内家拳术的理论源泉。② 而这一思想就是来源于老子“反者道之动，弱者道之用”的辩证法。其包含三方面意思：一是事物矛盾对立面的相互依赖；二是矛盾对立面的相互转化；三是事物发展的方向是由小到大、由弱到强。“反者道之动”奠定了中国哲学深厚的变化发展的根基，并被广泛地运用于武术战略思想中，成为武术战略的基本原则。太极拳“柔中寓刚，绵里藏针”、“引进落空”、“舍己从人”等就是老子所谓“将欲弱之，必固强之”的“反者道之动”思想。俞大猷在其著名的武术论著《剑经》中有经典的论述：“问如何是顺人之势，借人之力？曰：盖须知他出力在何处，我不

① 陈义.析武术理论的哲学基础[J].上海体育学院学报，2004(02)：60—62，76.

② 张震.中华武术通史(第一卷)[M].北京：北京体育大学出版社，2021.

于此处与他斗力；姑且忍之，待其旧力略过，新力未发，然后乘之。所以顺人之势，借人之力也。”以上均是“反者道之动”的方法论在武术技击上的具体运用。[①]

“弱之胜强，柔之克刚”、“天下之至柔，驰骋天下之至坚”等都是老子对虚实、动静、刚柔、强弱所做出的论述，即万事万物皆对立而统一，这也是众多武术拳种的理论基础。例如，武术中常说的“四两拨千斤”，便是用小的力量来战胜大的力量。这就是矛盾的相互转化规律，这两个对立思想的转化便是对立统一哲学思想的深刻体现。[②]

四、武术与兵家思想

自古以来，兵家与武术都具有天然的联系。有言道“古来习武必知兵”，兵法与武学之渊源可见一斑。武术发展的初期甚至没有将军事和武术明显地区分开，从追求的目的上讲，两者皆有共同之处，不管是兵家的军事战争还是武术的技击活动都以战胜对方为目的。兵家作为一种阴谋文化，具有诡诈性质。[③]《孙子兵法・计篇》中写道：“兵者，诡道也。故能而示之不能，用而示之不用，近而示之远，远而示之近。利而诱之，乱而取之，实而备之，强而避之，怒而挠之，卑而骄之，佚而劳之，亲而离之。攻其不备，出其不意。此兵家之胜，不可先传也。”[④]尽管兵家之理论主要从国家的军事、政治层面讨论“武”，这一层面的“武”不同于武术，涉及政治、外交和国家治理对于军事作战的意义，布阵、攻城的军团战法，以及训练、选拔将士的经验总结，但部分军事战斗原则也可以用于指导武术格斗。

《吕氏春秋》载，“剑伎云：持短入长，倏忽纵横之术也”，提出了弱胜强、短破长的思想。《六韬》中还提出了作战的十四变，强调“变见则击之”百战百胜的基本准则，在“新集”、“未食”、“不顺”、“地形未得”、“奔走”、“不戒”、“疲劳”、“将离

---

① 陈义.析武术理论的哲学基础[J].上海体育学院学报，2004(02)：60－62，76.
② 张泽华.传统武术文化中的哲学思想和价值体现[J].武术研究，2017，2(03)：32－33.
③ 蔡峰，张建华，张健.兵家思想对武术技击的影响研究[J].体育文化导刊，2017(12)：169－173.
④ 孙武.孙子[M].上海：上海古籍出版社，2013：10－11.

士”、“涉长路”、“济水”、“不暇”、“狭路”、“乱行”、“心怖”的情况下强调主动出击，因势而击，其中很多准则，如“不顺”、“奔走”、“不戒”、“疲劳”、“不暇”、“狭路”、“乱行”、“心怖”同样也是技击格斗时重要的出击时机。《六韬》还提炼出“外乱而内整，示饥而实饱，内精而外钝，一合一离，一聚一散，阴其谋，密其机，……士寂若无声，敌不知我所备。欲其西，袭其东”这样既可用于军事也能作为武术格斗指导原则的理论，其中的“内外”、“虚实(示饥而实饱)”、“合离”、“聚散”、“谋机”、“声东击西”、“兼刚柔”都成为后世武术技击理论的思想来源。①

《孙子兵法》中还提到“夫兵形象水，水之行避高而趋下，兵之形避实而击虚，水因地而制流，兵因敌而制胜。故兵无常势，水无常形，能因敌变化而取胜者，谓之神”②。其中“兵因敌而制胜”，指出用兵作战最忌主观性、片面性和随意性，而是要以敌为因、以变应变、见招拆招。而在武术招式中的具体体现，便是身形的翻转、步法的进退、招数的虚实，皆透露出兵法中的“诡道”之法。

第二节　武术与中国传统医学

中华武术和中国传统医学皆是中华民族的重要文化资源，两者有着极其密切的关系和渊源。中国传统医学简称中医，几千年来为中华民族的繁荣昌盛做出了卓越的贡献，并以显著的疗效、浓郁的民族特色、独特的疗效方法、系统的理论体系、浩瀚的文献史料，屹立于世界医学之林，成为人类医学宝库的共同财富。武术与中医都是远古人类在长期与大自然的斗争中不断探索、总结出来并在后来发展起来的，它们是中华民族智慧的结晶和优秀传统文化。③ 中医自古以来就是中华民族保健延年、医疾疗病的传统医学，武术则兼容了健身养生之功能，它们在认识自然环境、生命规律、人体的生理特点以及导引肢体对人体的

---

① 张震.中华武术通史(第一卷)[M].北京:北京体育大学出版社,2021.

② 马林.论兵学导引下武术的兵法观[J].中华武术(研究),2015,4(03):67—69.

③ 刘宏生,罗刚.中华武术与中国传统医学的同源性[J].科技信息,2012(22):469—470.

影响和药物对人体的作用等方面，都有很深的理论渊源和密切的联系。[①]

一、武术与中医有着共同的哲学理论基础

（一）武术与中医同受《周易》的影响

《周易》是我国哲学、自然科学与社会科学相结合的巨著，是中华儿女智慧的结晶，是中国文化的先祖（以下简称《易》）。《易》包括《易经》和《易传》。《易经》由卦辞及爻辞组成，凡六十四卦辞、三百八十六爻辞。《易传》凡十翼，包括彖上、彖下、象上、象下、文言、系辞上、系辞下、说卦、序卦、杂卦。中国文化思想的众多流派——儒家、道家、墨家、诸子百家等——皆无不以《易》为根据。孔子对易极为推崇，曰“易与天地准”、“神无方而易无穷”。《四库全书总目提要》说：“易道广大，无所不包，旁及天文、地理、乐律、兵法、韵学、算术，以逮方外之炉火，皆可援易以为说。”一代大医“药神”孙思邈说：“不知易，便不足以言太医。”俗话说：“拳起于易，理成于医。”近代著名太极拳家杨澄甫曾指出：“中国之拳术虽派别繁多，要知皆寓有哲理之技术。”由此可见，中医与武术两者都与《易》有着十分密切的关系，是同受古代传统哲学思想的影响而发展起来的。[②]

《周易・系辞》说，“天尊地卑，乾坤定矣。卑高以陈，贵贱位矣。……在天成象，在地成形，变化见矣”，“古者包牺氏之王天下也，仰则观象于天，俯则观法于地，观鸟兽之文与地之宜，近取诸身，远取诸物，于是始作八卦，以通神明之德，以类万物之情”。可见，《易》始终把天、地、人，即宇宙间的万事万物作为一个整体来观察和考虑。庄子则将“天人合一”的观念表述为：“天地与我并生，而万物与我为一。”“天人合一”强调人与自然、宇宙的统一、和谐，“天人合一”的整体观对于中医整体观念和武术拳理的形成有着深刻和久远的影响。[③]

---

① 于兆杰. 中华传统武术和中医的理论渊源[J]. 搏击・武术科学，2007(06)：30－32.
② 刘宏生，罗刚. 中华武术与中国传统医学的同源性[J]. 科技信息，2012(22)：469－470.
③ 于兆杰. 中华传统武术和中医的理论渊源[J]. 搏击・武术科学，2007(06)：30－32.

（二）武术与中医皆以“阴阳学说”为理论基础

阴阳辩证学说是我国古代哲学朴素的唯物论和朴素的辩证法思想，包含了阴阳对立、阴阳互根、阴消阳长等基本理论。《周易·系辞》云，“一阴一阳之谓道”，讲的就是宇宙间一切事物既对立又统一的法则。《素问·阴阳应象大论》说，“阴阳者，天地之道也，万物之纲纪，变化之父母，生杀之本始，神明之府也，故治病必求于本”，阐明了宇宙间一切事物的生长、发展和消亡，都是事物阴阳两个方面不断运动和相互作用的结果。

阴阳学说辩证统一的观点贯穿于中国传统医学对人体结构、生理机制的认识，对疾病的诊断和防治等方面，《素问·宝命全形论》说：“人生有形，不离阴阳。”根据“水火者，阴阳之征兆也”，确定人体组织结构的阴阳属性。就大体部位而言，上部为阳，下部为阴；体表为阳，体内为阴；背为阳，腹为阴；四肢外侧为阳，内侧为阴。以体内脏腑来说，六腑属阳，五脏属阴。五脏之中，上部的心、肺属阳，下部的肝、脾、肾属阴。具体到每一脏腑，则又有阴阳之分，如心有心阴、心阳，肾有肾阴、肾阳。就十二经脉来说，循行于四肢外侧为阳经，循行于四肢内侧为阴经。认为人体功能与物质的关系，也就是阴阳相互依存、相互消长的关系。如果人体的阴阳相对平衡协调遭到破坏，则标志着人体处于疾病状态；若人体阴阳双方不能相互维系而分离，则人的生命活动也就终止了。[①] 正如《素问·生气通天论》所说：“阴平阳秘，精神乃治；阴阳离决，精气乃绝。”《素问·阴阳应象大论》说：“善诊者，察色按脉，先别阴阳。”阴阳学说用于疾病的诊断，包括分析望、闻、问、切四诊所收集的资料和概括各种证候的阴阳属性两个方面。故有“精气夺则虚”、“阴虚则热”、“阳虚则寒”、“邪气盛则实”之说。《内经》中提出，“谨察阴阳所在而调之，以平为期”，也就是疾病的防治讲究调整阴阳，补其不足，泻其有余，恢复阴阳的相对平衡。[②]

---

① 孙广仁. 中医基础理论[M]. 北京：中国中医药出版社，2016.

② 刘宏生，罗刚. 中华武术与中国传统医学的同源性[J]. 科技信息，2012(22)：469－470.

阴阳辨证理论被极其广泛地运用于各个拳种、门派的武术理论之中，并由阴阳对应观念衍生出一系列对应概念：动静、刚柔、虚实、开合、内外、进退、起伏、显藏、攻守、始终等。它们所代表的诸多对应因素的不同组合及其对立与转化的变化，构成了中国武术极为丰富的多种技击原理与方法。阴阳变化在武术中的表现主要是阴中有阳、阳中有阴、阴阳互转、阴阳相济等。无论是内家拳还是外家拳，都强调外练“手、眼、身、法、步”，内练“精、神、气、力、功”，“内练一口气，外练筋骨皮”，以达到“阴平阳秘，精神乃治”的目的。太极拳以“动静之机，阴阳之母，动之则分，静之则合”的变化为理论基础（见《太极拳论》）。陈鑫在所撰《陈氏太极拳图说》中曰，“开合、虚实，即为拳经”，“一开一合，有变有常，虚实兼到，忽现忽藏”，“一动一静，足尽拳中之妙”。所谓动静、开合、虚实，皆根据阴阳理论而来。“阴阳对立、阴阳转化、阴阳相济”的运动规律和法则贯穿于形意拳运动的始终，“鹰熊竞志，取法为拳；阴阳暗合，形意之源”，“拳之大要，重在阴阳”。①

（三）武术与中医皆吸收了“五行学说”的思想

五行学说是我国古代的一种唯物主义哲学思想，它与阴阳学说具有辩证法的思想一样，用来说明自然界一切事物的可知性和彼此间的互相联系。五行学说将事物按“取象比类”的原则分为“金、木、水、火、土”五行，且五行相生、相克，相乘、相侮。相生，是指这一事物对另一事物具有促进、助长和滋生的作用；相克，是指这一事物对另一事物的生长和功能具有抑制和制约的作用；相乘、相侮，是指五行之间正常的生克关系遭遇破坏后所出现的不正常相克现象。认为五行之间有生无克，事物就会无休止地发展而走向极端，造成物极必反、由好变坏；有克无生，事物就会因被压制过分而丧元气走向衰败。也就是说，生与克相互牵制才能维持相对平衡，不能相互牵制时，平衡被打破，这时事物就会出现新

① 于兆杰. 中华传统武术和中医的理论渊源[J]. 搏击·武术科学，2007(06)：30－32.

的变化。[①] 虽然五行学说具有一定的局限性，对自然界一切事物的观察是用简单的、直观的方法来认识，但它却体现了朴素的唯物主义世界观。

阴阳五行学说被移植入医学领域，与中医理论相互渗透并融为一体，形成了中医的阴阳五行学说，用以阐明生命现象和防止疾病规律，成为中医理论体系中的重要组成部分。传统中医以脏腑、经络、气血、津液等为其物质基础，从宏观自然现象（包括人体）的变化规律，用取象比类的方法来分析、研究、解释人体的生理活动和病理变化以及人体内外的各种关系，并指导临床辨证与治疗。中医以五脏为中心，以五行的相生、相克原理，说明人体各部位之间在生理过程中的关系，即肝属木、心属火、脾属土、肺属金、肾属水，并通过调整五脏间生克乘侮关系来治病。如脾虚病人，面色青黄，多为木乘土；心病患者，面见黑色，多为水克火等。[②]

武术在对身体的认识、拳式的构成、拳种的划分和攻防思想等方面也是贯穿了五行学说，以五行学说为指导思想。例如，以五行的形态、性能、方位为基准，将某些拳式配组为五行系统，作为构成武术中各种拳式的基本元素。五行中“木”的形态和性能是可以弯曲伸直，形意拳遂以直线出击的崩拳属木。形意拳谱上说：“劈拳之形似斧，性属金；钻拳之形似电，性属水；崩拳之形似箭，性属木；炮拳之形似炮，性属火；横拳之形似弹，性属土”（见《形意母拳》）。又如，五行分布五方位，即南方火、北方水、东方木、西方金、中央土，恰如人的前、后、左、右、中五个方位。太极拳依此将“进步、退步、左顾、右盼、中定”作为五行。此外，以五行结合人体。拳家吸取中医理论以五行结合人体，常用的有：以五行配五脏，即肝属木、心属火、脾属土、肺属金、肾属水，叫“内五行”；以五行配五体，即筋属木、脉属火、肌肉属土、皮毛属金、骨属水；以五行配五官，即目属木、舌属火、口属土、鼻属金、耳属水，叫“外五行”。拳家认为内外五行要相合，即“内五行要合，外五行要顺”、“内外同化”，调和脏腑气息，讲究精、气、神。拳家根据拳

---

① 孙广仁. 中医基础理论[M]. 北京：中国中医药出版社，2016.

② 于兆杰. 中华传统武术和中医的理论渊源[J]. 搏击·武术科学，2007(06)：30—32.

的特点结合五行相生相克原理解释拳式的攻防作用，即以相生理论说明易生变换相连的拳式，以相克理论说明相互制约的拳式。如形意拳理论认为："劈拳能克崩拳，崩拳能克横拳，横拳能克钻拳，钻拳能克炮拳，炮拳能克劈拳。"故而两人以此顺序攻防配合练习的对练套路，称为"五行炮"或"相克拳"。①

二、中医理论在武术中的影响

（一）中医"精、气、神"学说在武术中的应用

中医认为，人有三宝——精、气、神，三位一体，相互依存。精是构成人体和促进人体生长发育的基本物质，精又包括"先天之精"和"后天之精"。先天之精秉承于父母，与生俱来；后天之精则主要是出生之后摄入的饮食水谷，通过脾胃运化功能生成的精气。两者均归于肾、藏于肾。在人体生命活动的过程中，精不断变化为"气"，流布全身，不断补给人体生理活动的能量。由于源源不断的气的作用，人的"神"，即思维、意识及其他一切活动得以产生和维持。精、气、神三位一体，互相依存，三者中尤以精为人体生命的根本。②

中国武术理论将传统医学的"精、气、神"学说完整吸收到自己的体系之中。即所谓"拳起于易，理成于医"、"内外兼修"之说，几乎是中国武术所有拳种流派的宗旨。北拳要求"外练手、眼、身、法、步，内练精、神、气、力、功"，提及少林五拳，"各有其妙用。龙拳练精，蛇拳练气，虎拳练力，豹拳练骨，鹤拳练神"（见《少林拳术秘诀》）。《拳意内经·神运经》则强调："练形而能坚，练精而能实，练气而能壮，练神而能飞。"重视精、气、神的作用转化，重视内功修炼，是基于这样的原因：人体是武功的载体，武功的强弱与武功载体的强弱密切相关。载体的强壮又可分为外部强壮和内部强壮，外部强壮固然重要，但更重要的却是内部强壮——内壮。内功修炼的目的，就是要达到内壮，从而达到整体强壮。③

---

① 刘宏生，罗刚. 中华武术与中国传统医学的同源性[J]. 科技信息，2012(22)：469－470.

② 蒋国雄. 试论中华武术与祖国医学的理论渊源[J]. 湖北体育科技，2005(03)：389－390.

③ 程大力，王庆余. 论传统医学与武术的双向渗透[J]. 成都体育学院学报，1990(03)：12－19.

（二）中医经络学说在武术中的应用

中医学理论认为，人体内存在着一套复杂的经络系统，它包括十二正经和奇经八脉。《灵枢·本藏》说："经脉者，所以行血气而营阴阳，濡筋骨，利关节者也。"《医学入门》说："经者，径也；经之支派者为络。"经，是气血循环之路径，经脉是经络系统的纵行线；而络是经脉大大小小的分支，纵横遍布全身里外上下。经络是全身气血运行、联系脏腑四肢、调节人体各部位功能的必需通道。在经脉经行处，又遍布着穴位（也有称之为穴道、腧穴的）。穴位是经络、脏腑的气血输注处。在穴位处施以某种刺激，便可阻断、壅塞经脉的气血运行。《灵枢·经脉》云："经脉者，所以能决死生，处百病，调虚实，不可不通。"①人体阴阳失衡导致疾病，经络会自行调节，不通就需针对气血、阴阳盛衰的具体症候，运用针灸、推拿、导引等方法，通过对适当的穴位施以适量的刺激，激发经络的自我调节、自律作用。②

由此可见，武术技击中的点穴法，其实用价值正是以中医经络学说为理论依据。医疗点穴功是中国的一种传统医疗方法，据四诊八纲辨别病因、病位、病理，运用循经取穴、依症取穴、病变部位取穴及子午流注取穴，结合点穴手法来治病救人、恢复人体的正常功能。而在武术技击中，则是将人体力量或体内气通过点穴者的手指部位或器械，快速猛烈地点击对手的穴位，影响人体经络中气血运行转注的动力——"经气"，由此造成气络不通，气血运行受阻滞，使局部气血运行循环中断，从而引起肢体麻木，甚至动弹不得、昏厥等。常见的点穴练习功法有一指禅功、少林指禅功、武当蜻蜓点水功、铁指功等。《少林七十二艺练法》有关于点穴的相关记载："唯点穴一法，其理极精，其练极难，善此者又互相秘珍而不肯外传，故至今日，能此者，已如凤毛麟角，不可多寻其人。"③

武术特有的擒拿术，也直接得益于中医学理论的影响。由于擒拿术多用抓

---

① 蒋国雄.试论中华武术与祖国医学的理论渊源[J].湖北体育科技，2005(03)：389—390.

② 张传龙.试论武术与中医的关系[J].体育世界(学术版)，2008(06)：94—95.

③ 于兆杰.中华传统武术和中医的理论渊源[J].搏击·武术科学，2007(06)：30—32.

筋、拿穴、反关节的技法，擒拿部位多为主筋、要穴、关节，因此，练习擒拿技术须先识得人体结构、经脉、穴位。《少林拳术秘诀》云，“如医学之切脉式，按其部位而切取也”，“其秘诀，在深悉人身气血流行之时刻，与其穴道脉络之部位。若按时按穴而擒拿之，可以随轻重而致其命之死生”。可见，若没有中医学理论的高度发达，就不会有武术擒拿术的诞生。

经络学说对中国传统武术理论的形成和发展也有着重要的影响。武术运行气血的经络系统功法就是基于中医的经络学说，如“大周天”、“小周天”理论。中国传统武术练习讲究“感通经络，循环不已”、“大周天知人，小周天知己”。古代武术家大多练气，即吐纳导引之术，用于养气血以生气力，养生长寿。这种修炼方法影响了几千年传统武术的发展。

（三）中医理论在武术疗伤时的应用

跌打损伤疗法古属中医疡科，后属骨科、伤科，是在人类格斗活动中产生、受格斗运动推动发展的。古代许多医药典籍里载有治疗伤科的方法与药方。古代许多武术名师，当时也是颇有造诣的伤科专家。近代及当代著名武术家兼为伤科名医者，更不乏其人。《中国医学史》认为，由于狩猎和氏族之间的冲变，简单的救助随之产生，此后跌打损伤疗法在军旅外科中不断发展，至金元时，擅长骑射、好征善战的蒙古族进入中原，他们医治跌伤、战伤的医术也随之传入，促进中医跌打损伤疗法形成专科，并长足发展。

古代武术以防身制敌为主要价值，训练离不了搏斗形式，得艺后试敌运用，检查学艺效果，在格斗中难免伤害一方或两败俱伤。因此，拳家强调要研究跌打损伤疗法，以便自救和救人。少林寺僧医德禅序《少林寺伤科秘方》云，寺僧“从战迎敌，战必有伤亡”，“必然启僧自医，故出僧医也”，“僧医以自创自救为本，……秘不外传”。姜侠魂在《国技大观》中说：“武术杀人之技也，知有杀而不知有救是大背人道矣。”历代拳家正是在这类思想指导下，逐步重视并开始学习中医理论及医治方法，出现了少林、武当、峨眉等武术各流派治疗损伤诸方。至此，早期的武医结合已成雏形，拳家习医已成普及之势，在实践中，中医各种治疗损伤方法被拳家普遍采用，同时也总结出了一些独特治法。例如，以手法的拍点，救治某些穴位被击伤。治伤用药，则以经络气血传输为理论基础，根据伤部穴位，按穴用药，形成了治穴伤方药系列。整治脱臼的复位手法，还体现拳家独特的劲法。因此，武术跌打损伤疗法是中医骨伤科中的主要内容之一。[①]

三、武术与内功养生

养生，又称养性、摄生、道生、颐养、保生、寿世等，就是根据生命的发展规律，达到保养生命、健康精神、增进智慧、延长寿命的科学理论和方法，简言之，就是保养生命的意思。"养生"一词最早见于《庄子·内篇·养生主》，他说，"缘督以为经，可以保身，可以全生，可以养亲，可以尽年"。意思是，遵从自然的中正之路并把它作为顺应事物的常法，就可以护卫自身，保全天性，不给父母留下忧患，终享天年。在中国，一直流传着丰富的养生文化，它渗透在中国传统文化的方方面面。[②]

内功养生学是在中医传统养生理论的指导下，通过一定的身体姿势或动作，进行自我调息、调心的内炼，以求健康身心、延年益寿的一门科学。[③] 中国古代多把"以内炼为主，注重意念，通过气息、脏腑、经脉等人体内部机能锻炼以求内壮的养生功法"称为内功，它是导引、吐纳行气等炼养术的总称。内功作为养生方法，特别强调精神修养、意念活动和呼吸锻炼。通过调心、调息和肢体运动，使自身的生命运动处于优化状态。

养生是武术的重要功能，真正推动武术向前发展的，就是众多武术界的前辈们，为了实现自己强健体魄、益寿延年的夙愿，不断探究人体的极限，从而让武术不断吸纳创新，以至成为今天的一个庞大知识体系。中华民族体育的根本

---

① 肖志鹏.武术与中医[J].井冈山师范学院学报，2001(05)：39－41.

② 廉恩勇，武晓慧.武术养生与中医养生之间的关联性研究[J].泰山学院学报，2012，34(03)：116－119.

③ 薛阳.武术与内功养生[J].阴山学刊(自然科学版)，2008(02)：83－85.

出发点是祛病健体，其注重“在宁静、冥想中悟道”，动作上多模仿动物，以球形、环形、向心形为主，强调小肌肉群、小关节参与动作的完成。这与传统文化养生所主张的“心欲宁，志欲逸，气欲平，体欲安，貌欲泰，言欲讷”是非常吻合的。中华武术各流派都注重“内外兼修”，强调外练身法步，以求达到外壮；内练精神气力功，以求达到内壮。①

宋代出现的“八段锦”、明代问世的“易筋经”，兼有导引按跷的治疗理论，其将武术基本动作作为素材，既能强健身体，又能为提高武术技能服务，显然是早期武术养生功法的代表。清代在“详推用意终何在，延年益寿不老春”的练拳宗旨影响下，出现了以群众性、健身性为出发点整理太极拳的情况，使之发展成为陈、杨、吴、武、孙等多种流派的内功养生拳术，极大丰富了中医保健养生的锻炼手段。② 自清初发展起来的武术内功，在习练上大体有以下两种方式：

一是练武术动作的同时也练气，即练拳之中以心行气、以气运身，呼吸、意念、动作三者紧密配合。从运动形式上看，它属于非剧烈运动，似气功中的动功。但与动功的根本区别在于其动作自始至终包含技击，往往是柔中寓刚，以气催力，以退为进，表现出各种招法。产生于清初的太极拳、六合拳等，都是“动静兼修，内外兼修”的拳术。从某种意义上说，它们是武术与练气结合发展的一种范例。正因为这种练法有独到的锻炼价值，之后日益受到人们的重视，成为目前中国武术中的一大派系。

二是练武术与练气分而行之，即交叉练习。从历史记载看，清代武术家甘凤池、江之桐等大多采用这种方法，他们所习内功多为默坐运气的静功。清代民间宗教和秘密结社中，练武与练气分而行之的现象也颇为多见。这种分习之法，可以有效地调节大脑皮层高级神经中枢，加强人体兴奋与抑制的转换能力，尤其通过专习内功，可使生命能量在体内积蓄运行，从而大大增强拳法的功力。

20世纪30年代，出现了“内功拳”的称谓。章乃器在其著作《科学的内功

---

① 马小兵.浅析武术养生[J].搏击·武术科学，2009，6(02)：31－32.

② 肖志鹏.武术与中医[J].井冈山师范学院学报，2001(05)：39－41.

拳》中，称“内功拳是形意拳、太极拳、八卦掌、意拳的总称”。他认为：“道教练气的一派，他们静坐时的状态是和内功拳家的基础状态一致的。”内功拳的锻炼方法“是要‘内外兼修’、‘心身交益’；锻炼的效果不在肌肉的发达，而在内脏的坚实和舒适。所以，相对于专重外廓的发达的外功拳，称之为内功拳”①。

第三节　武术与中国传统美学

对于中华传统美学，习近平同志曾明确指出：“中华美学讲求托物言志、寓理于情，讲求言简意赅、凝练节制，讲求形神兼备、意境深远，强调知、情、意、行相统一。我们要坚守中华文化立场、传承中华文化基因，展现中华审美风范。”②中国武术的美学精神亦内涵博大精深，美学精神成为中国武术千年不断、源远流长的动力。③

中国武术讲究“外练筋骨皮，内练精气神”。可以看出，外练和内修所产生的美只是过程和方法，这种美还是停留在练的过程，因此这种美是不稳定的。武术真正之美在于跨越形、神、德，通过习武而达到“道”的境界（以术求道）。只有这种美才是永恒不变的。当人们对武术之美有了深刻的感悟时，所有的形美、神美、德美都会被这种美所取代，“得其意而忘其形”，使人们重新回归到人与自然高度和谐的状态，最后达到真（形与神）、善（德）、美（道）的高度统一与升华，这种统一和升华才是武术美学境界的真正体现。④

一、武术“形”之美

中国武术的表现形式是通过肢体语言来给人以直观感受，构成肢体语言的

① 薛阳. 武术与内功养生[J]. 阴山学刊(自然科学版)，2008(02)：83－85.
② 习近平. 在文艺工作座谈会上的讲话[N]. 人民日报，2015－10－15.
③ 王岗，陈保学. 中国武术美学精神论略[J]. 上海体育学院学报，2019，43(02)：103－110.
④ 崔怀猛，刘晓青，吴光远. 武术美学的“四重境界”[J]. 体育文化导刊，2007(01)：63－65.

因子又表现为动作及技术等主要内容。为了追求人与自然的和谐，古代习武者常象天法地、师法自然，从大自然中获取灵感，模拟自然界中各种动物的动作、姿态和神情，结合人体运动的规律和技击方法的要求，以创造和丰富武术，并以自然界的现象来喻拳理。武术在其形成与发展中，近取诸身，远取诸物，象其形，取其意，学其长，利其用。“观物取象”是武术动作最直接的抽象概括。① 孙禄堂《论八卦掌》中有狮、蛇、鸥、龙、熊、凤、猴，少林五形拳有龙、虎、豹、蛇、鹤，它们的共同特点就是借用动物的象形动作来表现武术动作。

由于武术单个拳种的完整套路一般是由一系列的技术动作组合而成，因此在武术展演过程中，技艺精湛者总是能顺达流畅、一气呵成。更主要的是，演练者善于通过动作把个人的动作特点表现得栩栩如生。比赛过后印在脑海中的是一个个生动逼真的假想动作所构成的象形模仿。这给人一种外在形态的形式美感。正是武术先人对“物象”的细致观察，根据自身对象形的抽象概括，使我们感受到了武术的“境象”。这才使得现实中的“物象”通过实战技击被“描绘”和“抽象”，在实现了艺术的升华之后，最终形成并体现刚劲勇猛、动静兼备、内外合一等规律，从而实现了从“观物取象”到“观境取象”的进程。此时的武术动作不再是局限于简单的“形式”，不再是直接表达直白的“象形”，不再是对动物动作的简单模仿，而是在立足于“象”的基础上，通过武术的动态演练氛围对观者抽象思维合理激发来体现武术本身的艺术特性。这种依赖与肢体的生动语言从古代就开始吸引武术的爱好者，借以传播武术的独特魅力。②

二、武术“神”之美

“神”在汉字中有精神和神灵等意思，在中国美学历史长河中，“形神论”一直是既悠久又弥新的话题。中国武术的“神”则应该是武术演练者通过“形”的表现所彰显出来的武术独有的内在精神、气质或气韵。在武术中，“神美”主要

① 邱伟，吉灿忠．武术“意象”的美学阐释[J]．山东体育学院学报，2011，27(09)：44－47．

② 邱伟，吉灿忠．武术“意象”的美学阐释[J]．山东体育学院学报，2011，27(09)：44－47．

表现在精神及运动的节奏上。对于运动者来说，要达到这种美的体悟，除了要不断地训练，更重要的是对武术这一传统文化有较为深刻的认识，只有这样，才能表现出实质的精神之美。神随形转，形随意动，存在于含而不露、神态舒展之中，体现出气魄来，使整个套路协调而富有生气。葛洪说，“区别臧否，瞻形得神，存乎其人，不可力为”(见《抱朴子外篇》)，较为具体地说明了人的形与神的关系。武术不仅在动作的表现上着意模仿其尊崇的人物和动物，而且力图从眼神、情态上刻画，达到一种威武、刚猛、含蓄、深沉甚至更为玄而不可测的“神似”，从而让练习者和观赏者通过心理体验去悟能及义。①

当然，更重要的是做到“形神兼备”。中国美学认为，形与神是“形具而神生”、“形者神之质，神者形之用”的互生关系，强调形神相聚，反对形神分离，追求形神兼备。② 要把技术动作中的“手眼身法步，精神气力功”等诸多要素协调地统一在演练之中，才能使演练者做到形神兼备。根据表现的明显程度，可把外部表象明显的“手眼身法步”等要素归为形的范畴，把外部表象不明显的“精神气力功”等要素归为神的范畴。其中形为基础，无良好的形难以做到传神，而形又不是全部，武术练习中不能只练形，而应在练形的基础上进一步习练和修为，达到“逾越外形，由外向内、由表及里”，实现由形到神的升腾。

三、武术“德”之美

德美，是指通过习武修身，以及对于形和神的深刻把握，内化为习武者高尚的道德风范和人格魅力。所谓武德，就是指习武学艺之人所应遵守的最基本的行为准则和规范要求，也就是习武者的道德，它包括礼节、人品、作风和习武的学风等方面。武德促进了武术由野蛮到文明的文明化发展，并日益提升为一种审美化的精神生命追索。比如，武术套路演练规避了攻防双方的直面交锋，在一种艺术化的优美表演中体现出攻防意识和技击方法，展现出一种顽强拼搏、

① 崔怀猛，刘晓青，吴光远. 武术美学的“四重境界”[J]. 体育文化导刊，2007(01)：63－65.

② 王岗，陈保学. 中国武术美学精神论略[J]. 上海体育学院学报，2019，43(02)：103－110.

自强不息的生命精神，在世界格斗艺苑独树一帜。因此，武德作为一种对习武者行为约束的内化的道德规范和审美化的人格精神操守，是规范武术行为的"立法保障"，是维系武术界团结和谐的精神纽带，是维护武功交流、公平竞技的评判法则，体现了中华文化的"和合"思想，体现了一种由他律到自律的精神升华。

武术强调"内外兼修"，不仅单纯指"强内壮外"、"内外合一"的技艺层面，而且蕴含"外练技艺、内修品德"的人生信条，显然，"德艺双馨"业已成为评判习武之人的重要审美标准，成为武术审美文化的重要内容。基于此，武术始终在其技击的身影背后有着一副儒雅的面孔，这也使得武德之美超越了武术自身而成为武术的灵魂。"德美"始终贯穿在"形美"、"神美"的各个阶段，可以说"德美"是习武者的外练、内修过程，是习武者自身素质的提升过程，是实现武术最高境界美的桥梁，是实现武术最高境界美的必要条件。①

四、武术"道"之美

"道"是指宇宙的本源和规律。"道美"是习武者在武术的修炼过程中，通过对形美、神美、德美深刻理解的基础上感悟和认识宇宙的本源和规律，从而达到"天人合一"的审美境界。在中国人的审美意识中，这种"天人合一"的大美观主要体现在对生命的关怀上，对待宇宙万物的态度绝不是冰冷的，而是视万物与自己的生命为一体，是"无人心则无天地万物，无天地万物则无人心"的宇宙万物一体的生命观。道家眼中"自然"就是道，如老子所说"人法地，地法天，天法道，道法自然"，老子的基本态度是，"人应遵循自然法则而善待万物，使万物各得其所，各逐其生"。

而正是在这种"天人合一"宇宙观、生命观的影响下，中国武术将人看作与宇宙一体，同时又将人自身比作一个小宇宙。太极拳、八卦掌、五行拳等诸多拳种把人体视作一个小宇宙，将宇宙运化规律运用到人体运动规律之中，将追求

① 孙刚. 基于"和合"理念的武德审美文化研究[J]. 山东体育学院学报，2013，29(06)：37—41.

人与自然的统一、小宇宙与大宇宙的统一作为武术修炼的目标。这种修炼过程要求习武者不仅通过协调的肢体运动，还要更加注重内心的入静、规律的呼吸、专注的意念，体会和感悟恬淡虚静、精神饱满、意象生动、天人合一的大美之境。武术的这种修炼是“武术习练者通过自身体验和磨炼的艰苦过程，不断地对自我的技术进行方方面面的调整，进行不断深入的思索，才能领会武术的真谛，进而实现对武术技艺的融会贯通”。

而这样的过程，是需要习武者经历漫长的体悟过程才能实现的。“天地有大美而不言”，武术之“天人合一”的大美亦是不能言说之大美，讲求体悟的中国武术不主张以“高谈阔论”的方式进行传授、教学。这正如庄子所言，“夫知者不言，言者不知，故圣人行不言之教”。不能言，就亲身去体会，就亲思去感悟。基于此，中国武术之“天人合一”的大美是对生命的关怀，而习武者欲了解这种大美关怀，只能通过体悟来获得。①

第四节　武术与中国民俗文化

民俗，即民间风俗，指一个国家或民族中广大民众所创造、享用和传承的生活文化。② “民俗”一词在我国相关资料中出现得比较早，在《汉书・董仲舒传》中就有提到“变民风，化民俗”。人类社会起源于“群居”生活，在特定的生活条件和相对固定的区域中，为了完善相互之间的关系，也为了相对稳定的群居生活，最早形成的“口头”规范或者统一的思想认识，就是民俗。民俗来源于社会生活，也服务于社会生活。民俗是一种行为规范，对人们的思想影响很大；民俗还会影响人们具体的行为习惯，如对人们的衣、食、住、行等都会产生一定影响。可见民俗对我们的影响是多方面的，因此也可以说我们“生活”在民俗中。民俗

① 王岗，陈保学. 中国武术美学精神论略[J]. 上海体育学院学报，2019，43(02)：103－110.

② 钟敬文. 民族学概论[M]. 上海：上海文艺出版社，2009：8.

是人们“约定”的“法令”，或者是人们所形成的统一认识，所以民俗是不成文的法令。[①] 民俗文化是一个民族文化的根基，是一个民族共性和个性的象征。我国地域广阔，自古以来就是一个多民族国家，受地形、气候、战争的影响，当然也为了满足物质生活条件的需要，我国各民族之间的交往比较频繁，在各民族相互交流的过程中，各民族的风土人情也得到了广泛的交流。

武术文化具有很强的文化区域性，不同区域的文化内容和表现形式不一样，形成这种区域现象的主要原因之一是我国复杂的自然地理环境条件，对武术文化发展产生重要影响。[②] 武术文化和民俗文化同是中国传统文化系统中的子系统和有机组成部分，它们之间就必然相互影响、相互渗透。人是各种文化传承与交流的载体，也就是说，广大民众既是武术文化的载体，也是民俗文化的载体，所以武术就不容置疑地浸透和蕴含着各个历史时期民俗环境和民俗背景的全部基因和成分。武术这种赖以生存的文化土壤，赋予了它鲜明的民间色彩和世俗化面貌。民俗文化对武术的影响是深远的，小到武术的服饰、基本技法，大到武术的理论体系，都可从中找到武术与民俗文化的渊源关系。[③]

一、宗法民俗观念对武术的影响

在中国传统社会中，这种自然形成的血缘关系不断被强化、延伸，以至于上升演变为一种制度——血缘宗法制度。武术的传承，不可避免地受到封建思想的影响，正如柳宗元《封建论》说：“封建非圣人意也，势也。”可见武术的特殊传承方式也是特定年代的产物，是“势也”。传统武术重要的传承方式——家传或者是师传，这样小范围的传承，有其自身的优点。首先面对的“学生”人数较少或者说传授对象较少，教授者有更多的精力来教学，传统武术的“小班”式教学保证了门派武术的纯正性，也在一定程度上保持了武术特有的神秘性。但不可否认的是，宗族观念给武术带来的最大弊端是家族内部或者是师徒之间的小范

---

① 高昆昆.民俗文化对武术形成的影响[J].武术研究，2020，5(12)：12－14.

② 杨应威，赵康.民俗文化视阈下武术融合发展研究[J].武术研究，2022，7(08)：5－6.

③ 唐韶军.浅析民俗文化对武术的影响[J].体育文化导刊，2007(01)：88－89.

围练习，而不是面向社会招募大众学习和推广，这样就会使得传播面极小，接受学习人员极少，很容易造成拳种的失传现象。①

二、节日民俗对武术的影响

中国的传统节日形式多样、内容丰富，是我们中华民族悠久历史文化的一个组成部分。最早的节日与原始崇拜、迷信禁忌有关，神话传奇故事为节日平添了几分浪漫色彩，宗教也对节日产生冲击与影响，还有一些历史人物被赋予永恒的纪念而融入节日中，所有这些使中国的节日有了深厚的历史感。然而节日发展到唐代，已经从原始祭拜、禁忌神秘的气氛中解放出来，转为娱乐礼仪型，成为真正的佳节良辰。从此，节日变得欢快喜庆、丰富多彩了。

武术活动也因此与节日风俗结缘，而且很快成为一种时尚流行开来，这一风俗一直延续发展，经久不衰。节日中通常举行各种各样的比武打擂、相扑表演或比赛，以庆祝节日或祭拜神灵，一来增加节日气氛，二来以娱观者耳目。其间经常出现老少咸集的盛况。为了满足看热闹的心理需求，要把式卖艺的武术艺人各献绝活，广大民众则是“有钱的捧个钱场，没钱的捧个人场”，此情此景与“一国之人皆狂欢”的节日气氛融为一体。这对武术的推广和传播确实起到了积极的推动作用。中国节日有很强的凝聚力和广泛的包容性，一到过节，举国同庆，这在我们国家有着悠久的历史，是一份宝贵的精神文化遗产。通过节日民俗的方式去传播武术，是对民族传统和性格的认同、确证，足以唤起人们对武术的民族情感，引发人们对武术的浓厚兴趣，极大地推动了武术在民间的传播。②

三、礼德民俗对武术的影响

在华夏几千年的历史长河中，重视讲礼仪、教化，是“古代中国”发展的重要标志之一。尽人皆知，中国素有礼仪之邦的美称，重礼仪、重教化，使中国在文

① 高昆昆. 民俗文化对武术形成的影响[J]. 武术研究，2020，5(12)：12－14.
② 唐韶军. 浅析民俗文化对武术的影响[J]. 体育文化导刊，2007(01)：88－89.

明发展道路上独善其身，把礼仪、教化上升为民俗的精神层面，制约和规范人们的行为习惯。礼仪文化渗透面非常广泛，对个人、家庭、社会都有影响。武术礼仪，作为一种精神文化形态的出现，对规范习武者的言行起着重要的保障作用。武术中的礼仪有别于其他礼仪，并对习武者提出严格的要求，礼仪要求不仅表现在师徒、同门师兄弟之间，还体现在习武者个人的待人接物方面。对于习武者来讲，除了要刻苦训练，还要有较高的德行和良好的品质，我们常说的武德便是对习武者的综合评价。在古代，一个人是否具有习武资格，德行是关键因素之一，“习武先习德”、“艺无德不立”，这是历代武林宗师挂在口边的一句至理名言。①

四、服饰习俗对武术的影响

武术对服饰的选择从侧面折射出了民俗文化的环境和底蕴。中国人素来讲究“天人合一”。“天”是外在的意志、理想、福地的化身和所在，“天”被视为神圣的、伟大的、无限的，由此推衍出来的“大”于是就成了一种美的境界。孔子曰：“大哉！尧之为君也，巍巍乎！唯天为大，唯尧则之。”《庄子·知北游》中也云：“天地有大美而不言。”人们受这种风俗理念的影响，在中国古人的风俗中，服饰多以肥硕宽大为美，所以武术服饰也以肥硕宽大为美，特别是太极拳、形意拳和八卦掌等的服饰更是如此，甚至不束腰以突出其肥硕宽大之美。练武时穿着比体形宽大的服装，一出手，手臂就成为一个巨大的面，如果双手舞动，则为两个大面的叠加，形成厚巨的气势；一行步，下肢灯笼裤飘动伸展开来，同样表现出宏大的气象。这种“大美”与武术精湛的攻防动作结合在一起，自然会给人一种气势磅礴、威风八面的感觉。

此外，按照古代中国人的风俗，人的身体是必须掩饰的，所以传统的服装大多是把人包裹得严严实实，几乎没有像西方服饰那样合理裸露的，表现出一种神秘而不可捉摸的美。武术出于这种风俗习惯，不光把服饰做得又肥又大，用

---

① 高昆昆.民俗文化对武术形成的影响[J].武术研究，2020，5(12)：12－14.

来掩盖身体和身材，而且颈项腿臂等常动部位也要以服饰包裹，不允许有一点裸露，表现得含蓄矜持、庄重威严。就审美效果来看，武术服饰含蓄矜持具有一种神秘内敛的审美效果，而庄重威严有时具有一种肃穆稳重的审美效果，这正好符合武术的神秘性和注重内省的文化特征。①

五、原始信仰民俗对武术的影响

原始信仰是天、地、人的统一体现，是人类对天神、地神的崇拜。② 受原始信仰民俗"天人观"的影响，对大自然的敬畏、崇拜在武术中也有体现。顺应自然、尊重自然、遵循自然发展规律不仅是社会发展的规律，也是武术发展的主要原则。人生活在自然界中必然会受到自然发展变化的影响，传统武术的功法练习讲究顺应四季变化，只有根据规律变化来调整自身不同器官功能，才能提高练功效果，以求达到人与自然的"和谐统一"。我们对"天人合一"观念要做到的不仅是简单尊重自然、顺应自然，更重要地还得做到学习自然，由观察动物习性受到启发，从而创造出一些拳法，如猴拳、螳螂拳、虎鹤双形拳等；对练习武术者的要求中也有"自然"的体现，如"起如猿、落如鹊、立如鸡"等，甚至一些武术动作也有动物名字的身影，如"白鹤亮翅、金鸡独立、鸿雁展翅、仙鹤惊翅"等。③

六、尚圆习俗对武术的影响

民俗文化中的尚圆习俗也对武术产生了深远的影响。在我国传统文化中，"圆"文化无处不在。事物发展变化的规律被描述成一个周而复始循环着的圆。圆和方在一起，既被用来象征天和地——天圆地方；又被用来象征社会秩序和行为规范，即所谓"没有规矩，不成方圆"；还被用来象征不同的人格，如"君子外圆而内方"、"小人外方而内圆"。"圆"对中国人而言，意味着圆满、成功、吉祥和幸福，是一种潜在的民俗心理。武术拳家们由对民俗中圆的领悟，把圆、空等运

---

① 唐韶军. 浅析民俗文化对武术的影响[J]. 体育文化导刊，2007(01)：88－89.

② 白以娟. 中外民族民俗[M]. 北京：旅游教育出版社，2013.

③ 高昆昆. 民俗文化对武术形成的影响[J]. 武术研究，2020，5(12)：12－14.

动形态融入武术运动的基本技法之中。例如,《峨眉十二庄·天地庄合诀》中说:“象天法地,圆空法生,大小开合,唯妙于心。”圆、空在民俗中是大自然天地的基本特征,当它被武术融入之后也就成了武术动功的最佳方式与境界:圆则灵活多变,空则轻灵无滞,圆空则能活泼自如、循环无端、变化无穷。所以,武术众多流派以圆空为基本架势和方法。例如,太极拳动作轻柔灵活,处处带有弧形;八卦掌沿圈走转、以圆为法,有“三圆三顶”、“三空三扣”之说;南拳要求圈桥蓄劲、圆胸、实腹;等等。由此可见,在尚圆习俗的影响下,武术众多拳法流派在基本技法上讲究整体圆融、势正招圆。①

思考题

1. 简述武术与墨家、儒家、道家、兵家思想的关系。

2. 中医理论对武术有哪些影响?

3. 举例说明武术习练者在日常练习中该如何体现“形”、“神”、“德”、“道”之美。

4. 武术民俗文化中,哪些内容应该传承?哪些内容应该摒弃?

---

① 唐韶军.浅析民俗文化对武术的影响[J].体育文化导刊,2007(01):88-89.

第四章

武术基本功和常用动作术语

学习目标

通过对武术基本功的了解和学习，理解和掌握武术基本功的构成要素以及常用动作术语的准确含义。通过对基本功进行系统的学习与训练，能够正确且流畅地完成基础的手型手法、步型步法、腿法、平衡跳跃类等基本功动作，提升柔韧性、力量和协调性等身体素质；能够在日常练习和简单套路中灵活运用所学的基本功和动作术语。

学习任务

1. 了解武术基本功的相关知识，掌握其基本技术要点。

2. 熟悉武术常用动作术语，并能够灵活运用到武术套路或组合动作中。

武术基本功是指以武术运动中具有共性的基础训练为内容、以获得和运用武术技法必备的各种能力为锻炼目的的一类运动形式。它包括以提高体能为主的各种功法和以提高技能为主的基本动作练习。本章主要对基本手型手法、步型步法、平衡、腿法、跳跃及动作术语等进行简要介绍。

第一节　手型手法

一、手型

（一）拳

四指并拢卷握，拇指紧扣食指和中指的第二指节（见图 4－1）。

【要点】拳握紧，拳面平，直腕。

（二）掌

四指并拢伸直，拇指弯曲紧贴于虎口处（见图 4－2）。

【要点】立腕，食指内挑。

（三）勾

五指第一指节捏拢在一起，屈腕（见图 4－3）。

【要点】直臂，屈腕至极限。

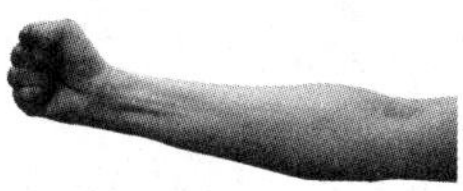

图 4－1

图 4－2

图 4－3

二、手法

(一)冲拳

预备姿势:两手抱拳于腰间,拳心向上(见图 4—4)。

动作说明:拳从腰间向前冲出,接近力点时拳加速拧转,手臂内旋伸直,拳心向下,目视前方(见图 4—5)。

【要点】出拳快速有力,注意拧腰、顺肩、旋臂的动作。

图 4—4

图 4—5

(二)架拳

预备姿势:与冲拳同。

动作说明:右拳向下、向左、向上经头前向右上方划弧架起,拳眼向下,眼看左方(见图 4—6)。

【要点】松肩,肘微屈,前臂内旋。

图 4—6

(三)推掌

动作过程同冲拳，将拳变掌，以掌根为力点向前推出(见图 4—7)。

【要点】挺胸、收腹、直腰。出掌快速有力，做好拧腰、顺肩、沉腕、立掌等动作。

图 4—7

(四)亮掌

预备姿势：开步站立，左手抱拳于腰间，右手立掌于左肩前(见图 4—8)。

动作说明：右掌向下经体侧向上至头上方时抖腕翻掌，掌心向上，同时头向左转，目视左侧(见图 4—9)。

【要点】抖腕、亮掌与转头要同时完成。

图 4—8

图 4—9

★ 如何练好手型手法？

1. 加强手和腕部的柔韧练习，手和腕部的柔韧性达到一定程度，才可能使手型动作达到规范的要求。

2. 加强上肢的力量和协调性练习，结合步型步法，达到身体各部位的协调统一。

第二节　步型步法

一、步型

(一)弓步

弓出腿屈膝半蹲，大腿接近水平；另一腿挺膝蹬直，脚跟不得离地(见图4—10)。

【要点】前腿弓，后腿绷；挺胸、塌腰、沉髋。

（二）马步

两脚间距宽于肩（大约本人三脚长距离），屈膝半蹲，大腿接近水平（见图4－11）。

【要点】挺胸、立腰，脚跟外蹬。

（三）虚步

屈蹲腿大腿接近水平，脚跟不得离地，另一腿脚尖点地；左脚在前为左虚步，右脚在前为右虚步（见图4－12）。

【要点】挺胸、立腰，虚实分明。

图4－10

图4－11

图4－12

（四）仆步

全蹲腿大腿接近脚跟，另一腿接近地面仆直，两脚脚跟不得离地（见图4－13）。

【要点】挺胸、立腰、沉髋，仆出腿脚内扣。

（五）歇步

两腿交叉盘叠全蹲，臀部坐于后腿脚跟部（见图4－14）。

【要点】挺胸、立腰，两腿靠拢并贴紧。

图 4－13

图 4－14

二、步法

(一)击步

两脚前后开立，双手胸前交叉，前脚蹬地跃起，在空中时后脚向前碰击前脚，落地时后脚先落，前脚后落，目视前方(见图 4－15①②③)。

【要点】空中保持身体正直并侧对前方。

①　②　③

图 4－15

(二)弧形步

两腿屈膝半蹲，两脚迅速连续弧形上步，每步大小略宽于肩，目视前方(见

图 4－16①②）。

【要点】身体重心略向内侧倾斜，移动平稳，不要起伏摇晃。

①　　　　②

图 4－16

（三）**垫步**

后脚离地提起，脚掌向前脚处落步，前脚立即以脚掌蹬地向前上提起，将位置让与后脚，然后再屈膝提腿向前落步，眼向前平视（见图 4－17①②）。

【要点】垫步时，前、后换脚要迅速连贯。

①　　　　②

图 4－17

★ 如何练好步型步法?

1. 加强踝关节、膝关节、髋关节的柔韧和力量练习。

2. 逐步增加单个步型的静耗时间(注意保持动作的规范)。

3. 进行多种步型和步法的组合练习。

第三节 平衡类

一、提膝平衡

支撑腿伸直,另一腿屈膝提起,脚面绷直(见图 4—18)。

【要点】平衡站稳,提膝过腰,脚尖内扣。

图 4—18

二、燕式平衡

一腿支撑,另一腿屈膝提起,两掌在体前交叉,掌心向外;上体前俯,提起腿直腿后伸,同时两掌向两侧直臂平举,目视前方(见图 4—19)。

【要点】挺胸抬头，后举腿高于头顶水平部位。

图 4—19

三、扣腿平衡

支撑腿屈膝半蹲，另一腿屈膝，脚尖勾起紧扣于支撑腿的关节窝处(见图4—20)。

【要点】屈蹲腿接近水平，重心稍前倾。

图 4—20

四、望月平衡

支撑腿伸直，后举腿屈膝向身体斜后方举起，脚面绷平，上体前俯，略高于水平部位(见图 4—21)。

【要点】转头、拧身,后举腿高于肩。

图 4—21

五、侧身平衡

支撑腿直立站稳,上体侧身前俯呈水平;另一腿挺膝伸直举于体后,高于水平,脚面绷平或脚尖勾起。双臂分别向前下方和后上方展出(见图 4—22)。

【要点】支撑腿站稳,上体与上举腿之间不要有角度,抬头。

图 4—22

六、仰身平衡

支撑腿伸直或稍屈站稳，上体后仰接近水平；另一腿伸直向体前上方举出，高于水平，脚面绷平，挺胸抬头（见图 4—23）。

【要点】腹背部要紧张，抬头不要过大。

图 4—23

七、盘腿平衡

支撑腿屈膝半蹲，另一腿屈膝外展，小腿收提，脚面绷平或脚尖勾起，踝关节盘放在支撑腿的大腿上，挺胸塌腰（见图 4—24）。

【要点】支撑腿站稳立牢，盘放腿的膝关节要外展。

图 4—24

★ 如何提高平衡动作稳定性？

1. 姿势的重心由低到高。

2. 偏离稳定位置的幅度由小到大。

3. 由维持静态姿势平衡到动态平衡过渡。

4. 由大面积支持基底开始，逐步过渡到小面积支持基底。

5. 在保持稳定的前提下，逐步增加头颈、躯干和四肢运动。

第四节　腿法类

一、正踢腿

并步站立，两臂侧举立掌；一脚上步，另一脚脚尖勾起向前额处猛踢，两眼平视（见图 4—25①②③）。练习时左右交替进行。

【要点】挺胸、直腰，踢腿时，脚尖勾起绷落或勾起勾落。收髋猛收腹，踢腿过腰后加速，要有寸劲。

①　②　③

图 4—25

二、侧踢腿

并步直立，两臂侧举侧立掌，身体侧对前进方向；一脚向前上步，另一脚脚尖勾起迅速向后脑处踢起，同时左臂上举亮掌，右手立掌于左肩前，目视前进方向（见图 4－26①②）。

【要点】挺胸、直腰、开髋，侧身猛收腹。

①　　②

图 4－26

三、外摆腿

并步站立，两臂侧举立掌；一腿向外斜前方上步，另一腿勾脚向上方踢起，经面前向侧成扇形摆动（见图 4－27①②）。

【要点】外摆幅度要大，呈扇形。挺胸、立腰、松髋、展髋。

①　　②

图 4—27

四、里合腿

并步站立，两臂侧举立掌；一腿向内斜前方上步，另一腿勾脚里扣向外侧上方踢起，经面前向内侧成扇形合腿摆动，落于支撑腿外侧(见图 4—28①②)。

【要点】挺胸、直腰、松髋、合髋。里合幅度要大，并呈扇形。

①　　②

图 4—28

五、弹腿

一腿直立支撑，另一腿屈膝上提，绷脚面，挺膝向前弹踢小腿，力达脚尖，可配合冲拳、推掌进行练习(见图 4—29①②)。

【要点】挺胸、直腰,脚面绷直,收髋,力达脚尖,弹击有爆发力。

①

②

图 4—29

六、侧踹腿

支撑腿伸直站稳,踹出腿脚尖勾起,脚外侧朝上,脚跟发力向体侧踹出,上体向侧倾斜,可结合手法进行练习(见图 4—30①②)。

【要点】挺膝、开髋、猛踹,脚外侧朝上,力达脚跟。

①

②

图 4—30

七、后扫腿

支撑腿全蹲，上体前俯，双手迅速向扫转腿下扶地，扫转腿伸直，脚尖内扣，脚掌擦地，顺时针后扫一周(见图 4－31①②)。

【要点】以腰带动腿的转动，扫转过程中扫转腿脚跟不得离地。

①　②

图 4－31

八、前扫腿

支撑腿全蹲，上体直立，扫转腿伸直，脚尖内扣，脚掌擦地，逆时针扫转一周或以上(见图 4－32①②)。

【要点】在扫转过程中上体要保持直立，头向上顶。

①　②

图 4－32

★ 腿法练习注意事项

1. 练习腿法前做好充分准备活动，注意腿部柔韧性的拉伸。

2. 注意保持正确的身形、良好的姿态。

3. 踢腿时，起腿要快，落腿要轻。

第五节　跳跃类

一、腾空飞脚

预备姿势：提膝推掌，左脚落步，右脚在左脚前盖步，同时两臂上举后在胸前交叉，击步后右脚蹬地起跳，同时左腿屈膝上提，右腿脚面绷直向上弹踢，右臂由后向上摆起，在头上右掌背迎击左掌心后迅速拍击右脚面，左掌变勾摆至头左侧上方（可扫二维码查看）。

【要点】在腾空的最高点完成击响动作，头上顶，立腰，击拍动作必须连续。

视频

腾空飞脚

二、旋风脚

预备姿势：高虚步亮掌，左腿向侧上步，右脚在左脚前盖步，同时左脚上步、右手盖掌接击步推掌，右脚蹬地起跳，同时两臂由上向下向左后摆动，左腿随之屈膝上提，身体旋转腾空后，右腿由外向内里合踢摆，右脚掌与左手掌相击响（可扫二维码查看）。

【要点】右腿做里合腿时，要贴近身体；摆动时，膝挺直，由外向内呈扇形，击响点要靠近面前，抡臂、踏跳、转体、里合腿等环节要协调一致，身体的旋转不少于270度。

视频

旋风脚

三、腾空外摆莲

预备姿势：高虚步勾手亮掌，右腿上步，脚尖外展，屈膝微蹲，身体微右倾，左腿里合摆动，右腿蹬地腾起，在空中做外摆腿动作，同时两手依次拍击外摆腿脚面（可扫二维码查看）。

【要点】起跳时，起跳腿脚尖外摆，蹬地、摆臂、摆腿协调用力，在腾空的最高点完成击拍动作。

视频

腾空外摆莲

四、侧空翻

预备姿势：提膝盘肘，左脚上步蹬地伸展髋、膝、踝关节，右腿向后上摆起；同时上体向左侧倾，利用摆腿惯力使身体在空中向左侧翻转，然后右脚、左脚相继落地（可扫二维码查看）。

【要点】两腿伸直，翻转要快，落地要轻。

视频

侧空翻

五、旋子

预备姿势：插步亮掌，左右脚交替连续上步（通常为 3 步），上体右转前俯并迅速向左后摆头甩腰，两臂自右向左后弧形平抡，同时左脚蹬地腾起，右、左腿先后向后上方摆动，抬头挺胸，身体在空中呈反弓形（可扫二维码查看）。

【要点】挺胸、抬头，身体成水平旋转，两腿要高于水平。

视频

旋子

★ 如何做好跳跃动作？

1. 提高跳跃动作的完成质量需要良好的弹跳力、协调性、柔韧性、灵活性做保障，还要掌握跳跃动作的练习技巧。

2. 提高弹跳能力必须坚持每天拉伸自己全身各部位的肌腱、韧带、肌肉，扩大关节的活动范围，同时做各种复杂的、有利于提高身体协调性的动作。

3. 各种专门的弹跳练习手段非常多，诸如跳绳、摸篮圈、腹背肌的练习对于完成跳跃动作也有很好的辅助作用。

第六节 武术动作术语

武术动作术语是指描述武术动作的名称、要领、要求、特点的专门性用语。掌握好武术动作术语，不仅能简化文字说明，而且有助于正确领会动作含义。教师在教学实践中正确地使用动作术语，可以简化武术教学，对学生记忆武术动作具有良好的帮助。自学者掌握适当的武术专业术语，对在学习中节省学习时间、简化学习程序，尤其是对建立正确的动作概念，是极为重要的。武术术语包括一般性术语和专门性术语两部分。

一、武术一般性术语

（一）描述身体部位的术语

头、手、脚，肩、肘、腕，髋、膝、踝等。

（二）描述方位的术语

前、后、左、右、上、下、前下方、前上方和正前方等。

（三）描述动作关系的术语

依次、同时、经、至、变、成等。

（四）描述步法的术语

上步、进步、退步、移步、叉步、疾步、击步、跳步、纵步等。

（五）描述身体运动方式的术语

拧转、折叠、翻转、起伏、闪展等。

（六）描述呼吸方法的术语

吸气、呼气、提气、托气、聚气、沉气等。

二、武术专门性术语

武术专门性术语是指武术运动中常用的解释武术技术和动作的专用术语。比如，手型中的拳、掌、勾，手法中的冲、贯、抄拳，腿法中的蹬、弹、踹、扫腿等，以及步型、步法、平衡、跳跃、跌扑滚翻等武术动作和各种武术器械使用方法的专门用语。此处不再赘述。

思考题

1. 试述武术的基本手型与步型。

2. 试述燕式平衡的基本要点。

3. 试述扫腿的基本要点。

第五章

太极拳

学习目标

通过本章学习，了解太极拳的定义、主要流派及其国际化发展，深入理解太极拳的拳理构成、运动特点及健身原理，掌握太极拳文化的内容构成，并结合八法五步的套路练习，体验太极拳运动的无穷魅力。

学习任务

1. 深入了解太极拳的定义、流派、拳理构成、运动特点等基本理论。
2. 全面认识太极拳文化的结构、内涵及传承意义。
3. 熟练掌握八法五步太极拳的动作要点、健身及攻防含义。

太极拳是中国武术的优秀拳种之一，也是中国文化的重要元素与特殊代表，具有独特的身体体验和丰富的文化内涵。2020 年 12 月，太极拳被成功列入人类非物质文化遗产代表作名录。太极拳在长期的演变中形成了众多流派，其中流传较广的有陈氏、杨氏、武氏、吴氏、孙氏太极拳等，不同流派拥有鲜明的传承和借鉴关系，自身特征鲜明，并且呈现出“百花齐放”的发展特点，所以太极拳在我国武术拳种中拥有强大的生命力。

第一节 太极拳概述

一、太极拳的定义

谈到太极拳，就不得不谈太极。“太极”一词最早出现在《周易》中。《周易·系辞上》中记载：“易有太极，是生两仪，两仪生四象，四象生八卦。”这一哲学理念，表达了中国人对天地万物生成过程的认识，被今人称为“太极思维”或“太极学说”。后人用太极的哲理解释拳理，逐渐形成了蕴含阴阳因素的拳术，早期被称为“长拳”、“绵拳”、“十三势”、“软手”等，直到清朝乾隆年间，山西人王宗岳著有《太极拳论》，才确定了太极拳的名称。

太极拳是以中国传统文化中的儒、释、道、武、医等思想为理论基础，以太极阴阳哲理为健身和技击技术应用的指导思想，集强身健体、颐养性情、技术对抗等功能为一体，结合易学的阴阳五行之变化、古代导引术、中医经脉学的一种缓慢柔和、内外兼修、刚柔并济的中国传统拳术。[①] 从本质上来讲，太极拳只有一种表现形式，我们熟悉的不同流派其实只是传统太极拳在风格上的不同表现形式，虽然各有其具体特征，但拳理相同，练习时身体各部位的姿势要求和运动特点基本一致。

二、太极拳的主要流派

太极拳是我国重要的非物质文化遗产，门派众多。各流派的出现发生在20世纪30年代，是太极拳日渐兴旺的产物。1928年，当时的诗人杨季子题写了一首诗：“都门太极旧尊杨，迟缓柔和擅胜场。不意陈君标异帜，缠丝劲势特

---

① 赵泽仁等. 太极拳的传承与发展[M]//李慎明. 世界太极拳发展报告(2019). 北京：社会科学文献出版社，2020.

刚强。”这是史上首次有关太极拳不同风格的描述。1935 年出版的《廉让堂太极拳谱·马序》言:“于是陈派也,杨派也,李郝派也,吴(鉴泉)王(茂斋)派也,亦如新兴之学术与主义,万派争鸣,而莫衷一是。实则各家有各家之心得,各派有各派之特长。”这是史上首次有关太极拳各流派命名及成因的描述。

当前流行的太极拳主要有八大流派,包括较早形成的陈氏太极拳、杨氏太极拳、武氏太极拳、吴氏太极拳、孙氏太极拳,以及后来被列为国家级非物质文化遗产代表性项目的和氏太极拳、李氏太极拳、王其和太极拳。由于近代我国太极拳种类丰富、流派众多,并且拥有较为广泛的群众基础,所以太极拳在我国武术拳种中拥有较强的生命力。

三、太极拳国际化发展

中国古老的太极拳不仅在国内盛行,而且还跨出国门、走向世界,成为全世界人民喜爱的一项体育运动和健身养生方式。2015 年 10 月 18 日,焦作市成功举行了“共享太极·共享健康”世界百万太极拳爱好者共同演练活动,实际参练近千万人,并向全世界发出设立“世界太极拳日”的倡议,成功申报了吉尼斯世界纪录。[①]

太极拳正式走向国际传播舞台始于 20 世纪 30 年代,先从中国内地向中国港澳台地区发展,而后以港澳台地区为桥头堡,向东南亚和大洋洲、美洲、欧洲传播。20 世纪 50 年代,已经扎根港澳台地区的杨氏太极拳率先走向国际,其领军人物以董英杰、郑曼青和黄性贤等为代表。董英杰于 1936 年抵港授拳,在香港创立太极拳健身院,广收港澳弟子,名声显赫,东南亚国家包括来自新加坡、马来西亚、泰国的弟子从学于董氏,于是拉开了太极拳向海外传播推广的序幕。20 世纪 50 年代,董英杰应邀前往泰国、马来西亚、新加坡等地教拳授艺,成为东南亚地区的太极拳开拓者之一。太极拳在日本和韩国的传播时间相比

① 《民之所望:来自“两会”的声音》编写组.民之所望:来自“两会”的声音[M].北京:中国言实出版社,2016.

东南亚较晚一些。1958年，台湾地区的王树金应邀前往日本传播太极拳。[1] 1987年，亚洲武术锦标赛在韩国举办，太极拳正式亮相韩国体育界。1992年中韩两国建交后，陈氏、杨氏、孙氏等各派传统太极拳在韩国迅猛发展。

20世纪50年代，太极拳登陆英国、美国和欧洲大陆。根据美国伊利诺伊大学专家2005年的报告，美国的太极拳习练者已有500多万人。[2] 时至今日，有数百种太极拳外文书籍，其中英文太极拳书籍最多。我国在1983年先后出版了吴氏、陈氏、杨氏太极拳英文版书籍。

如今，随着太极拳竞赛交流活动的日益频繁和深入，因其多元的价值功能、深厚的文化底蕴、便利的锻炼形式和有效的传播手段，太极拳的国际影响力与日俱增。目前，太极拳已传播到150多个国家和地区，80多个国家和地区建有太极拳组织，67个国家和地区设有太极拳馆，习练人数超4亿人，成为世界上参与人数最多、最受人们喜爱的武术运动和健身活动项目。如今，太极拳已成为促进东西方文化交流的重要桥梁和纽带，在弘扬中国传统文化、提高全人类生活质量等方面发挥着积极而又重要的作用。

知识拓展

外家拳与内家拳

外家拳与内家拳，现知最早的记载见于黄宗羲1669年所著《王征南墓志铭》中："少林以拳勇名天下，然主于搏人，人亦得而乘之。有所谓内家者，以静制动，犯者应手即仆，故别少林为外家，盖起于宋之张三丰。"外家拳是指自然发展起来的、以强化生存本能的一类拳术。内家拳的发展是建立在

---

① 李自立. 日中太极拳交流史[M]. 株式会社丛文社，2009.

② Wojtek Chodzko-Zajko et al. National Expert Meeting on Qi Gong and Tai Chi: Consensus Report [R]. University of Illinois at Urbana-Champaign，2005.

外家拳高度发展的基础上，是从中国传统文化中的哲学思想对外家拳的理性改造开始的。所谓“外家拳至少林已臻绝诣。张三丰既精于少林，复从而翻之，是名内家”的记载，正是这个改造的旁注。拳谚说的“外练筋骨皮，内练一口气”就是对这个事实的概括。因此，外家拳的名称应该是由于新理念之内家拳的产生而同时出现的，而后逐渐成为“主于搏人”理念下的一类拳术的总称。内家拳则是一类具有道家思想特征的拳术，代表人物有张三丰、张松溪、王征南等。

第二节　太极拳的基本理论

一、太极拳的拳理构成

练习太极拳首先要了解太极拳基本理论的构成，这对于提高太极拳的练习质量大有益处。太极拳的形成和发展与中国传统文化有着千丝万缕的联系，有着深厚的文化底蕴。它是融中国传统的哲理、医理、拳理于一身，并具有强身健体、娱乐表演等多种功能的运动项目。

在哲理上，太极拳强调的是阴阳的对立统一。以运动状态来划分，“出手为阳，收手为阴”（见《少林棍法阐宗·总论》）；“伸，阳也，缩，阴也”，“起，阳也，落，阴也，伸缩自然，起落合度，亦阴阳相合之谓也”（见《形意五行拳图说》）。开是阳，合是阴，开即伸展、放大，合为缩小、收敛，“阴阳开合，是尽拳术之妙”。从运动属性来讲，“攻为阳，守为阴”（峨眉枪法），“刚为阳，柔为阴”，“实为阳，虚为阴”，“动则生阳，静则生阴”。正是由动静、开合、虚实、刚柔、进退、起落等矛盾的对立统一达到阴阳相济。

在医理上，太极拳注重的是经络的通畅。经络的活动主要是体表与内脏之间相互影响的活动，主要表现在三个方面：首先，太极拳的“主宰于腰”、“虚领顶劲，气沉丹田”，是锻炼任脉、督脉、带脉、冲脉的重要方法，腰部松沉直竖地微微旋转带动上下肢的动作，既锻炼了任督二脉，又使带脉膨胀、肾部充实，日久能使带脉一周肌肉丰满，小腹部冲脉有气势旺盛之感。其次，太极拳的“尾闾中正”练法，是尾闾骨始终对向正前方，这是稳定重心、加强发力的措施。前进、后退、左旋、右旋、中定时，始终注意“长强穴”的松沉直竖，是“尾闾中正”的关键。在整套拳路中不断地运转、压挤“长强穴”，能够起到通调任督二脉的作用。最后，太极拳的“缠绕运动，劲贯四梢”，要求动作螺旋式走弧形，成为圆运动，使肌肉纤维、韧带和关节在均匀、连贯的反复旋转中得到运动，调整呼吸，畅通气血，流转贯注于四肢，达到本固则枝荣的目的。综上所述，太极拳的医理是通过外动与内动，使丹田之气受鼓荡而推动奇经中的督、任、冲、带四脉，进而调节人体十二正经之气血，使人体内部培蓄精气、疏通经络、扶正祛邪，最终达到“阴平阳秘，精神乃治”、“祛病健身、抗老益寿”的功效。

在拳理上，主要指太极拳技法的原理，包括技术要求理论、练拳要求机理、推手技击原理等。太极拳的拳理，核心是易理，易理是讲阴阳，把易理贯穿于拳技当中。它包括缠绕螺旋、柔中寓刚、避实击虚、顺应客观条件变化而变化、以意行气、劲由内换、“人不知我，我独知人”、因敌变化等内容。历代太极拳名家结合实践，写出了许多理论著作，其中包括太极拳的拳论、拳诀、拳歌、拳经等，都属于太极拳的拳理。如陈长兴的《太极拳十大要论》，陈照丕的《太极拳总论》，陈鑫的《争走要诀》、《太极拳经谱》及《太极拳缠丝精论》，陈王廷的《拳经总歌》等。[①]

二、太极拳的运动特点

太极拳的动作柔和、轻灵、缓慢，其特点是运劲如抽丝，处处有弧形，似展非

---

① 杨现钦，王凤仙. 太极拳文化及其传承研究[M]. 厦门：厦门大学出版社，2019.

展，圆活不滞，动中有静，静中有动。用意识引导动作，意到身随，配合均匀细长的呼吸，整套动作如行云流水，连绵不断，使全身上下得到均匀而协调的活动。由于其运动强度和运动负荷较为适中，练习后不易出现代谢机能的激烈变化，因此适合不同体质和不同年龄的人群，特别是体弱及慢性病患者。具体体现在以下几个方面：

（一）体松心静

“松”和“静”是太极拳锻炼必须恪守的基本法则。“松”是针对外在的身体而言的，不仅限于肌肉、皮肤和骨节，它还要求中枢神经系统、内脏器官等都要放松。“体松”就是在练习太极拳的过程中，既要保证姿势正确，又要保持全身肌肉、关节、韧带和内脏都处于自然、舒展和尽可能放松的状态，避免任何部位的无谓紧张。它是完成太极拳姿势正确、周身协调、动作舒展、转换圆活的基础和保证。

而“静”则是针对内在的心理而言的，所谓“心静”，就是在整个练习过程中，排除任何杂念，思想集中，全神贯注，从而使练拳者处于一种高度安静、轻松舒适的练拳状态，用意识引导每一个动作，才能既保留传统养生术入静、放松、均匀细长呼吸，即通过调心、调身、调息而不是通过剧烈运动来健身的特点，又具备武术运动具有的攻防含义和套路运动的特征，传统养生术与武术运动的完美结合，使太极拳运动具有了健身养性、内外兼修的良好作用。

（二）缓慢轻柔

缓慢轻柔是太极拳区别于其他武术运动形式的重要标志，是太极拳运动最为重要的一个特点。太极拳运动的这种缓慢轻柔有着极为严格的外在规范和内在意念的要求，它不仅要求“内宜鼓荡，外示安逸”，而且要求“运劲如抽丝，迈步如猫行”，即动作要柔中寓刚、徐缓不躁而轻灵。正是这些要求所规定的缓慢轻柔的运动方式，使太极拳运动兼有武术和传统养生术的双重特征和效用。人们练习太极拳之后，虽然会感到身上微微出汗，但一般不会出现气喘等现象，能给人以练拳之后轻松愉快的感觉。因此，不同年龄、性别和体质的人均可进行练习。

（三）连贯圆活

太极拳的动作要求连续不断，每个动作都要流畅地过渡到下一个动作，没有明显的停顿。同时，太极拳的动作多走弧形，强调身体各部位的圆周运动，使动作显得灵活、自然、舒畅。连贯圆活是太极拳独特的运动风格，有助于练习者在练习中培养内在的气力和提高身体的协调性。武禹襄祖师《太极拳论》中的“周身节节贯串，勿令丝毫间断”以及陈鑫《陈氏太极拳图说》中的“上着下着，一气承接，勿令神气间断”就是对该特点的最好诠释。

（四）“形、气、意”协调配合

“形”是指太极拳练习中所采取的符合拳理要求的、正确的太极拳动作姿势。“气”是指太极拳锻炼中强调呼吸的配合，要求“气沉丹田”、“贵慢柔而养气”，慢柔形于外，养气蕴于内，达到强身治病的目的。“意”则是指太极拳锻炼中要求做到“以意导气，以气运身”、“用意不用力”等，强调练拳者要全神贯注地用意识来引导每一个动作，完成太极拳的练习。

太极拳运动本身就是人体大脑支配下的意和气的运动，在呼吸与动作相互配合的情况下，意识引导起到了主要作用。如果无意识地进行习练，做起动作来就显得呆滞、不连贯，表现不出太极拳动作如行云流水般连绵不断的神韵。所以在做每一个动作时，必须加强意识的支配和引导，并且通过呼吸对机体内在的调节，使练习者达到意领气催、意到气到、气到劲到，这样动作才能沉稳，久练之后才能收敛入骨。由此可见，在太极拳运动中，要正确运用呼吸方法，使呼吸与动作、意识三者紧密结合，形成内外合一，为太极拳的健身和技击创造良好条件。

三、太极拳的健身原理

(一)太极拳的意念配合有利于神经系统保健

所谓意念,是习练者在习练过程中的内心世界活动的内容。太极拳的练习特别强调意念与动作的配合。在练习开始时,要求大脑先镇静下来,排除一切杂念,在大脑神经支配下,其他各神经、肌肉放松。人静之后,再开始一心一意地练习动作,这样有利于对大脑皮层兴奋与抑制的调节,长期进行太极拳练习,可有效地促进中枢神经系统灵活协调,有效地支配动作,使练习者心情愉悦、精神乐观,同时还可诱导自主神经机能提高,使心肺功能更好地适应机体需要。

(二)太极拳的运动姿势和呼吸方法有利于气血运行

太极拳的运动姿势要求身体的各个部位要保持一定的弧或圆,立身要中正,身体处于一定的放松状态。练习中强调以养气为主,运用匀、深、长的呼吸方法,横膈膜随呼吸的上下不停地运动,牵动腹腔运动加强,对内脏器官起到很好的"按摩作用"。有研究显示,有规律的太极拳练习能提高肺组织的弹性,扩大胸腔容积,增加肺通气量,改善呼吸系统机能,有利于气血舒畅地运行,是健身运动中较为理想的有氧代谢方法之一。

(三)练太极拳对运动系统产生良好的影响

经常练习太极拳可以改善骨骼的血液供应,加快骨骼的物质代谢,增强骨骼的弹性和韧性,提高骨骼的抗断能力。科学实验证明,长期练习太极拳的中老年人,脊椎弯曲能力很强,而不经常运动的中老年人容易引起脊椎功能下降、关节僵化、韧带弹性变弱、新陈代谢缓慢。可见,太极拳对中老年人脊柱萎缩、骨质疏松、骨中钙质外溢等病症以及颈椎病有很好的预防和治疗作用。

(四)太极拳的技术特点有利于身心平衡

《黄帝内经》认为,万物和人体均由元气构成,元气又分为阴气和阳气。“人生有形,不离阴阳”,“生之本,本于阴阳”,人体处于阴阳对立的平衡中,失去阴阳平衡,便会发生疾病。在太极拳练习过程中,其技术特点无不体现着虚实互根、虚实倒换、有虚有实、刚柔相济、开合相寓、轻沉兼备等一系列阴阳相济的要领,这种阴阳关系不仅体现在运动的和谐和适度上,表现为人自身的元气、精神、形体之间的和谐一致,还表现为个体与外部社会环境和自然环境之间的和谐统一、整体平衡,即“天人合一”。可见,太极拳练习有利于调整身心平衡。

第三节 太极拳文化

文化,从广义上来讲,是指人类在社会历史发展过程中所创造的物质文化和精神文化的总和;狭义上是指哲学、宗教、文学、艺术、政治、经济、伦理、体育等社会的意识形态,以及与之相适应的制度、组织等。① 所谓太极拳文化,是指太极拳运动主体创造的具有不同形态特质的内容所构成的统一体,是包括各时期、全球各地的太极拳练习者、研究者在内的所有“利益相关者”,围绕太极拳不断总结、创新、发展形成的各种有形与无形的、物质与精神的、内容与形式的文化总称,是一个多维度的文化系统复合体。② 太极拳文化是中华民族优秀文化的核心文化之一,具体可以从物质层面、制度层面和精神层面来理解太极拳文化的概念(见图5—1)。

① 陈至立.辞海(第七版)[M].上海:上海辞书出版社,2020.

② 李慎明.世界太极拳发展报告(2019)[M].北京:社会科学文献出版社,2020.

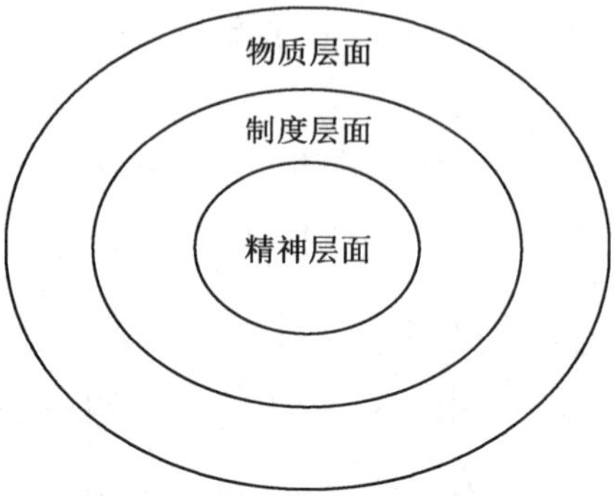

图 5—1　太极拳文化的结构

一、精神层面的太极拳文化发展

精神层面是文化的深层、核心和灵魂，既是其他层次的结晶和升华，也是其他层次的支撑。太极拳既是哲学又是武学，还是养生学，连接体育、社会、艺术、医学、军事、管理、伦理、娱乐、经济等方面，成为社会主义精神文明建设的重要推动力量。基于太极拳的文化综合性，尤其是自强不息的尚武精神、厚德载物的非攻思想、和合共生的生态哲学、文武兼修的知行艺术、从容不迫的生活态度、松柔慢匀的养生之道、天人合一的正身之道等价值理念，让太极拳成为一个承载中华优秀传统文化的瑰宝，已成为教育界和全社会公认的传播中华优秀传统文化的重要抓手，同时太极拳文化还是全球文明对话和人类命运共同体建设的重要纽带。习近平总书记于 2014 年 7 月在韩国首尔大学的演讲中指出："中国太极文化由来已久，我们最能领会阴阳相生、刚柔并济的古老哲理，如果说政治、经济、安全合作是推动国家关系发展的刚力，那么人文交流则是民众加强感情、沟通心灵的柔力。只有使这两种力量交汇融通，才能更好推动各国以诚相待、相即相容。"[①]由此可见，太极拳文化在"一带一路"、人类命运共同体建设，以及全球文化互通、人类可持续发展的进程中，发挥着至关重要的作用。

---

① 习近平. 共创中韩合作未来 同襄亚洲振兴繁荣[EB/OL]. 新华网，2014 年 7 月 4 日.

二、制度层面的太极拳文化发展

太极拳文化的制度层面是指太极拳运动主体在参与太极拳运动过程中建立的各种社会规范构成，是太极拳运动中的组织机构和规章制度的总称，表现为太极拳运动中的人的角色和地位、活动组织形式、组织机构和运行机制、规则和制度等，是对行为产生规范性、约束性影响的部分。

21 世纪以来，全球各地太极拳文化的相关制度与组织机构得到了空前的发展。2016 年 8 月出台的《“健康中国 2030”规划纲要》中明确提出：扶持推广太极拳、健身气功等民族民俗民间传统运动项目。同时，国家高度重视太极拳作为非物质文化遗产的传承与保护，目前已有七个太极拳流派进入国家级非物质文化遗产名录。随之与太极拳相关的法律法规、政策规划、管理制度、竞赛制度等也相继出台。

在组织机构方面，不仅国内的各个省、市、县都有各类太极拳协会团体，国外各地也纷纷成立各类太极拳文化协会和科研机构，既包括太极拳的各类相关社会组织，如太极拳协会、俱乐部、拳馆、学校等，也包括虚拟组织，如太极拳的师门、线上线下的拳友群体等。可见，太极拳文化不仅在政府制度和社会组织机构中获得了巨大的推动力，还在高等教育体制中获得了制度保障，其中，邯郸学院太极文化学院、河南太极拳学院就是典型的标志。这些学院建成后，将成为立足高校阵地、以太极拳为主要特色的文化传播平台，也是服务“一带一路”倡议的中华太极拳文化国际交流、传播基地。

三、物质层面的太极拳文化发展

物质层面是文化的表层，也是文化的载体。太极拳文化的物质层面主要包括与其相关的场地空间、器械、服装、代表人物等。

当前，全国各地兴建了越来越多的太极拳运动场、纪念馆或博物馆、拳馆等文化场馆。在河北邯郸永年区，除了一直保存至今的武氏太极拳创始人武禹襄的故居外，1992年还复建了杨露禅故居，并于2001年被定为省级重点文物保护单位。河南省温县在建设陈氏太极拳发源地的祖祠、祖林和太极文化园的基础上，还建设了中国太极拳博物馆。在国外，物质层面的太极拳文化也得到了深入的发展，如美国纽约建设的太极山庄、华盛顿兴建的太极广场等。除此以外，太极拳相关的器械、服饰行业也快速发展，太极拳文化传承人不断涌现，诸多流派申请获批为国家级或省级非物质文化遗产，一批批具有真功夫和好武德的“名师”和“明师”纷纷涌现。

第四节　太极八法五步

一、八法五步简介

八法五步是国家体育总局为了更好地宣传、推广、普及太极拳运动，弘扬中华优秀传统文化，本着科学化、规范化、简易化的原则，由国家体育总局武术运动管理中心组织专家创编的一个更简单易学的太极拳入门套路，是在各式太极拳的基础上，将太极拳中共性的、核心的“八法五步”技术内容进行了整理规范，即围绕着太极拳“掤、捋、挤、按、採、挒、肘、靠”八种劲法，结合“进、退、顾、盼、定”五种步法，以及站桩和行进两种锻炼形式进行梳理提炼，从而形成了一套具有文化性、健身性和简易性的太极拳普及套路。它动作结构简单、数量合理、内涵丰富、易学易练，是继24式简化太极拳之后推出的又一个更加简化、较为理想的太极拳入门套路。

二、八法五步套路

预备势：身体自然直立，两脚并拢，头颈正直，下颌内收，胸腹放松，肩臂松垂，两手轻贴于大腿外侧，精神集中，眼向前平视，呼吸保持自然（见图5—2①）。

（一）起势

身体自然站立，左脚向左侧轻轻分开半步，与肩同宽，脚尖向前。两臂慢慢向前平举，手心向下，与肩同高，两臂横向距离约同肩宽，肘微下坠。随后屈膝下蹲，两手慢慢下按，落至腹前，手心向下，掌膝相对（见图 5—2②③④）。

视频
八法五步
1-17

【要点】心静体松，身体中正，精神集中。

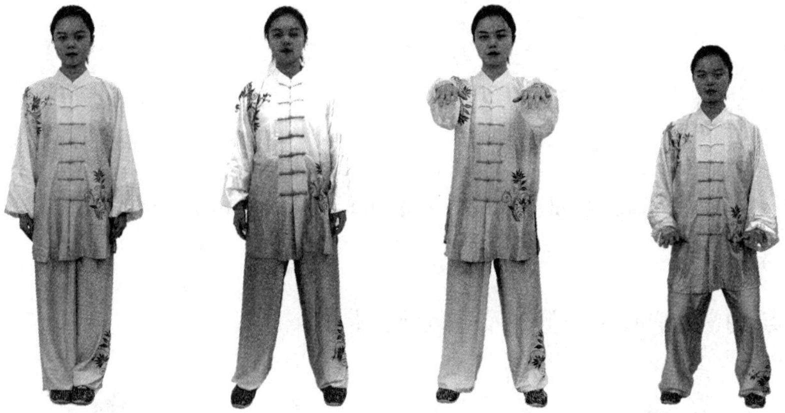

① ② ③ ④

图 5—2

（二）左掤势

身体右转，右手向上划弧至胸前，左手收至腹前，两掌心相对呈抱球状；随后身体左转，左臂向前掤出，右手下按至右胯旁，目视前方（见图 5—3①②）。

【要点】掤在手臂。左臂掤圆，右手下按。

①　　　　②

图 5—3

(三)右捋势

身体右转，两掌旋臂翻掌以腰带臂，向下、向外划弧捋带，目视右侧(见图 5—4①②)。

【要点】捋在掌心。以腰带臂，向外捋带。

①　　　　②

图 5—4

(四)左挤势

身体左转，两掌相叠收至胸前，随后向前横挤，左手在外，左掌心朝内，右掌心朝外，目视前方（见图 5—5）。

【要点】挤在手背。两掌相叠，向前横挤。

图 5—5

（五）双按势

两掌翻掌分开，掌心向下，随后两掌由前向后、向下、向前划弧推按，目视前方（见图 5—6①②③）。

【要点】按在腰攻。腰部用力，两掌推按。

①　　②　　③

图 5—6

（六）右採势

身体右转，两掌变拳随转体向下抓握採拉，目视右下方（见图 5—7①②）。

【要点】採在手指。两手抓握，向下发力。

①　　②

图 5—7

（七）左挒势

身体左转，两拳变掌随转体向前、向左横向挒带，右掌心朝上，左掌心朝外，目视前方（见图 5—8①②）。

【要点】挒在两肱。两臂旋带，横向发力。

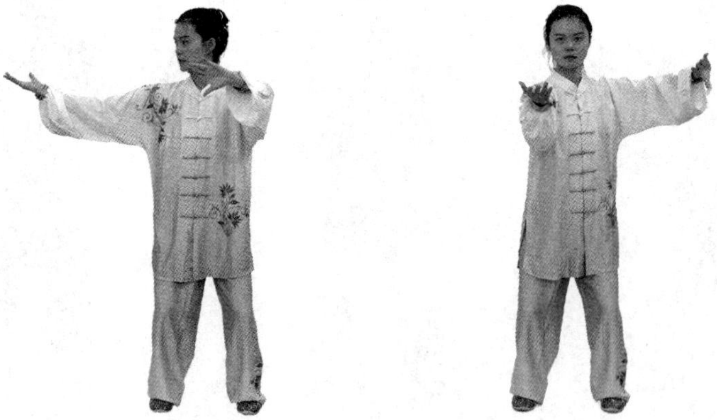

①　　②

图 5—8

（八）左肘势

身体右转，左手变拳屈臂用左肘向前方撞击，右手附于左臂外侧，目视前方（见图 5—9①②）。

【要点】肘在曲使。左臂曲使，以肘撞击。

①

②

图 5—9

（九）右靠势

身体左转，右手变拳屈臂撑圆，用右肩臂向前靠击，左拳变掌收至右肩旁，目视前方（见图 5—10）。

【要点】靠在肩胸。右臂撑圆，肩臂靠击。

图 5—10

（十）右掤势

身体左转，左手向上划弧至胸前，右手收至腹前，两掌心相对呈抱球状；随后身体右转，右臂向前掤出，左手下按至左胯旁，目视前方（见图 5－11①②）。

【要点】掤在手臂。右臂掤圆，左手下按。

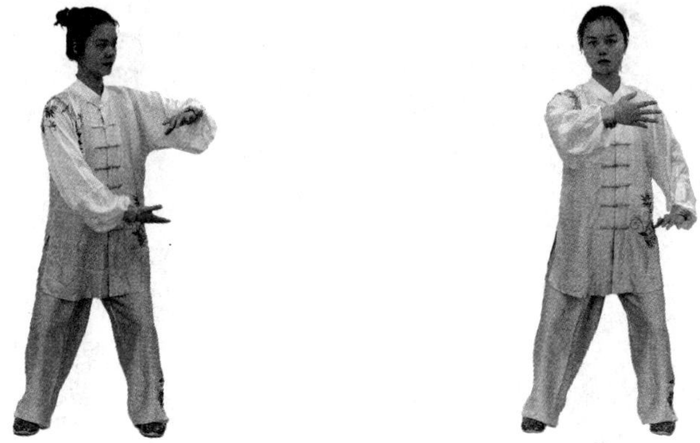

① ②

图 5—11

（十一）左捋势

身体左转，两掌旋臂翻掌以腰带臂，向下、向外划弧捋带，目视左侧（见图 5－12①②）。

【要点】捋在掌心。以腰带臂，向外捋带。

① ②

图 5—12

（十二）右挤势

身体右转，两掌相叠收至胸前，随后向前横挤，右手在外，右掌心朝内，左掌心朝外，目视前方（见图 5—13）。

【要点】挤在手背。两掌相叠，向前横挤。

图 5—13

（十三）双按势

两掌翻掌分开，掌心向下，随后两掌由前向后、向下、向前划弧推按，目视前方（见图 5—14①②③）。

【要点】按在腰攻。腰部用力，两掌推按。

①　　②　　③

图 5—14

(十四)左採势

身体左转,两掌变拳随转体向下抓握採拉,目视左下方(见图 5—15①②)。

【要点】採在手指。两手抓握,向下发力。

① ②

图 5—15

(十五)右挒势

身体右转,两拳变掌随转体向前、向右横向挒带,左掌心朝上,右掌心朝外,目视前方(见图 5—16①②)。

【要点】挒在两肱。两臂旋带,横向发力。

① ②

图 5—16

（十六）右肘势

身体左转，右手变拳屈臂用右肘向前方撞击，左手附于右臂外侧，目视前方（见图 5—17①②）。

【要点】肘在曲使。右臂曲使，以肘撞击。

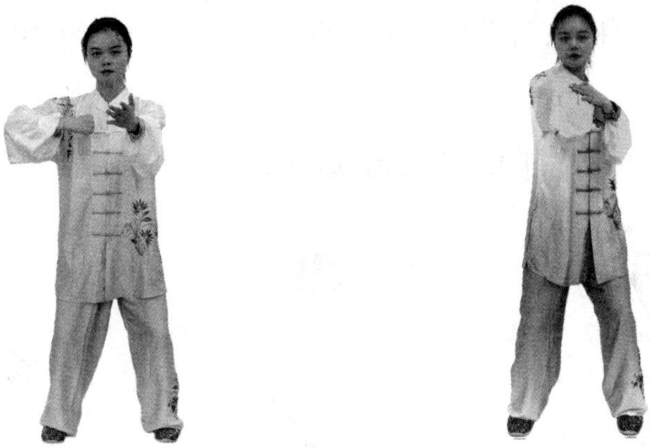

①　②

图 5—17

（十七）左靠势

身体右转，左手变拳屈臂撑圆，用左肩臂向前靠击，右拳变掌收至左肩旁，目视前方（见图 5—18）。

【要点】靠在肩胸。左臂撑圆，肩臂靠击。

图 5—18

（十八）进步左右掤势

视频

八法五步
18-23

身体右转，左脚向前上步成左弓步，同时两掌收于胸腹前呈抱球状，并随重心前移，左臂向下、向前掤出，右手下按至右胯旁，目视前方（见图 5－19①②③）。向右掤势转换时，身体重心后坐，左脚外摆，然后跟步抱球，其余动作与左掤势动作相同，唯方向相反（见图 5－19④⑤⑥）。

【要点】步法移动要平稳，手臂前掤要撑圆。

图 5—19

（十九）退步左右捋势

重心后移，身体左转，以腰带臂，两掌向下、向左划弧捋带，目视左侧（见图5－20①②③）。右捋势动作与左捋势动作完全相同，唯方向相反（见图5－20④⑤⑥）。

【要点】身体要中正，重心后移与下捋要一致。

图5－20

（二十）左移步左挤势

重心移至右腿，左脚向左侧开步，脚掌着地，随后重心移至左腿，右脚跟步，两掌相叠经胸前向左侧横挤，左手在外，掌心朝内，目视左侧（见图 5—21①②）。

【要点】身体转动要充分，并步与左挤势要一致。

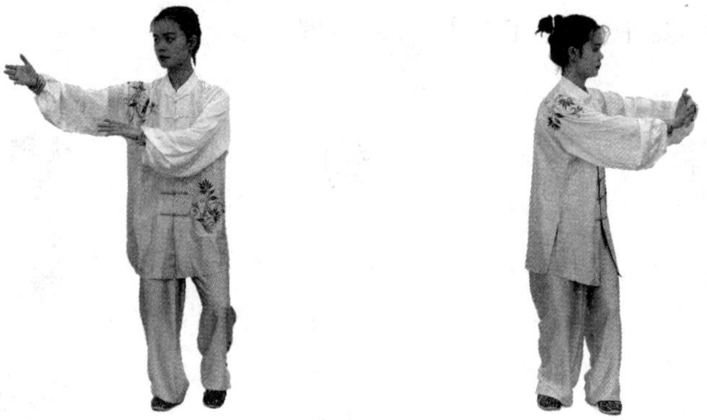

① ②

图 5—21

（二十一）左移步双按势

左脚向左侧开步，脚跟着地，随后重心移至左腿，身体左转，右脚跟步，同时两掌由展开随转体经胸向前按出，目视前方（见图 5—22①②）。

【要点】身体转动要充分，转身与双按掌要一致。

① ②

图 5—22

(二十二)右移步右挤势

左脚扣脚,右脚向右开步,脚掌着地,随后重心移至右腿,左脚跟步,同时两掌相叠经胸前向右侧横挤,右手在外,掌心朝内,目视右侧(见图 5－23①②)。

【要点】身体转动要充分,并步与右挤势要一致。

①　　②

图 5－23

(二十三)右移步双按势

右脚向右侧开步,脚跟着地,随后重心移至右腿,身体右转,左脚跟步,同时两掌由展开随转体经胸向前按出,目视前方(见图 5－24①②)。

【要点】身体转动要充分,转身与双按掌要一致。

①　　②

图 5－24

(二十四)退步左右采势

视频

八法五步
24-32

右脚扣脚,身体左转,随后左脚向后撤步,同时随重心后移,两掌变拳由前向下采拉,目视前下方(见图 5—25①②)。右采势动作与左采势动作完全相同,唯方向相反(见图 5—25③④)。

【要点】退步时,身体移动要中正平稳,重心后移与两手抓握下采要一致。

① ② ③ ④

图 5—25

(二十五)进步左右挒势

左脚摆脚,身体左转,两拳变掌向左侧挒带,右掌心朝上,左掌心朝外,目视前方(见图 5—26①)。右挒势动作与左挒势动作完全相同,唯方向相反(见图 5—26②)。

【要点】左右转体重心要稳,身体转动与左右挒势要一致。

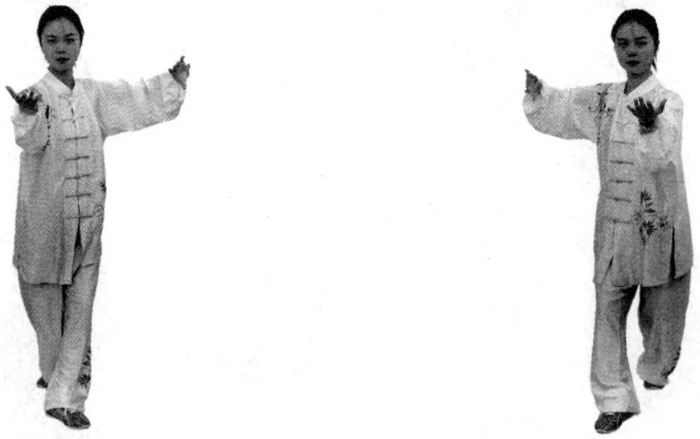

① ②

图 5—26

(二十六)右移步右肘势

左脚并步,身体右转,右脚上步,随后左脚跟步,右掌变拳,屈臂用右肘向右侧撞击,左掌向右侧划弧,附于右臂外侧,目视右侧(见图 5—27①②③)。

【要点】并步与右肘撞击要协调一致。

① ② ③

图 5—27

(二十七)右移步右靠势

右脚向右开步,成半马步,右臂撑圆,用右肩臂之力向外靠击,左掌附于右肩前方,目视右前方(见图 5—28)。

【要点】半马步与右靠势要协调一致。

图 5—28

（二十八）左移步左肘势

右脚扣脚，身体左转，左脚脚跟碾转后扣脚，随后右脚跟步，左掌变拳，屈臂用左肘向左侧撞击，右掌向左侧划弧，附于左臂外侧，目视左侧（见图 5－29①②③）。

【要点】并步与左肘撞击要协调一致。

图 5－29

（二十九）左移步左靠势

左脚向左开步，成半马步，左臂撑圆，用左肩臂之力向外靠击，右掌附于左肩前方，目视左前方（见图 5－30）。

【要点】半马步与左靠势要协调一致。

图 5－30

（三十）中定左右独立势

右脚向前收半步，左脚提起成独立势，左拳变掌由体侧向上挑掌，右掌按于右胯旁，目视前方（见图 5－31①②）。左独立势动作与右独立势动作完全相同，唯方向相反（见图 5－31③④）。

【要点】独立势要稳定，与挑掌要协调一致。

①　②　③　④

图 5－31

（三十一）十字手

右脚下落，两脚自然开立，两掌相叠合于胸前，左手在外，两掌心均朝内，目视前方（见图 5－32）。

【要点】身体中正，沉肩垂肘。

图 5－32

（三十二）收势

两掌翻掌分开，随身体慢慢立起，缓缓下落，随后左脚收至右脚内侧，成并步站立，目视前方（见图 5—33①②③）。

【要点】身体中正，头正颈直，沉肩垂肘，松腰松胯，意识内敛。

① ② ③

图 5—33

视频

八法五步
完整套路

思考题

1. 什么是太极拳？

2. 太极拳有哪些流派？

3. 简述太极拳运动的拳理构成。

4. 简述太极拳运动的特点。

5. 简述太极拳文化的结构。

第六章

太极推手

学习目标

通过本章学习，了解太极推手的概念、历史起源与发展状况，掌握太极推手的基本技术并能熟练地应用到实战中，体验太极推手“以柔克刚”、“四两拨千斤”的功夫，领悟太极推手中所蕴含的中华传统文化与哲学思想，激发学生学习太极推手的兴趣。

学习任务

1. 了解太极推手运动的形成与发展，梳理太极推手发展的历史脉络。

2. 明确太极推手运动的价值与特点，认识太极推手运动的独特性。

3. 掌握太极推手运动的基本技术与实战应用技术，并在正确技术的指导下进行太极推手实战。

4. 加深学生对中华民族传统文化的了解，有助于增进对国家文化的认同感，培养爱国情感和正确的价值观，提升社会责任感；领悟太极推手运动对促进学生身心健康、提升意志品质、振奋民族精神的作用。

太极推手作为中国传统武术项目，有其丰富的传统武术文化内涵，是一项全身心的运动。经常进行太极推手练习，可以有效地锻炼中枢神经系统的综合分析能力和判断能力，提高身体的灵敏度、速度及柔韧性等素质，增强体质，防治疾病，还能技击防身，易学易练。目前国内许多高校开设了太极推手课程，因其安全、文明、有趣味的双人对抗特点深受学生喜爱。

第一节　太极推手概述

太极推手是一项独特的对抗运动。太极拳创造人把各种不同的技击方法综合吸收在太极拳套路之中，并创造了双人推手方法，使之能在不用护具设备的情况下练习各种技击方法，成为训练周身皮肤触觉和内体感觉灵敏性的一种运动。本节将对太极推手的概念、形成与发展、特点进行阐述，旨在帮助学生更好地理解和开展太极推手运动。

一、太极推手的概念

太极推手的称呼众多，不同地区、流派的称谓都有所不同，有打手、演手、交手、揉手之称，是一种双人对抗形式。

什么是太极推手？

最早在 1881 年李亦畲手抄“老三本”拳谱中记载有关于“推”的方法。王宗岳著的《十三势行功歌诀》中首次提出太极推手概念：“满身轻利顶头悬，仔细留心向推求。”最早出现“太极(拳)推手”一词是“太极拳以练习推手为致用”，强调太极推手练习的目的和作用，以及与太极拳套路单势练习的关系，强调“懂劲”是太极推手技术中的关键。杨澄甫最早提出太极推手是一种以提高太极拳单势动作技术和运动体验为目的的辅助练习方法，通过两人直接接触的推手来达到了解对方的劲力强弱、动作快慢、位置方向变化，从而做出顺应、合理的技术化配合。长期练习有助于提高身体的协调性，培养含蓄、沉稳的心理素质，并提高对太极拳单势动作和技术的体悟。

1982 年，顾留馨在《太极拳术》一书中提出了新太极推手概念："推手古称搿手或打手，是在不用护具设备的情况下，来练习掤、捋、挤、按、採、挒、肘、靠技击作用和方法的竞技运动。"[①]

1990 年人民体育出版社出版的《中国武术大辞典》中，对太极推手的解释是"太极拳的双人徒手对抗运动"，是"一项两人相互搭手，听劲而动，粘走相随，既要化解对方推逼，保持自身稳定，又要乘势破坏对方平衡，使其倾跌的运动"。[②]

关于太极推手的定义有很多，比较全面的说法是：太极推手是通过两人手臂相搭，运用太极拳的技法、劲力沾粘连随，使对方失去重心或倒地的双人对抗运动，是具有中国特色和民族风格的传统体育项目。

二、太极推手的形成与发展

（一）起源：两两相角之术

战国时期的"角抵"，《汉书》收录《手搏》中记载有"相错蓄，相散手"，宋代相扑等史料记载中的"手搏"、"相扑"、"角抵"都反映了两两手臂之间的对抗，其中不仅包含踢、打、摔、拿等多种对抗技法，也包含"推"的技术。因此，太极推手的起源甚早。但当时仅仅是在对抗中存在"推"的技法，主要还是两人之间依靠蛮力进行"推"的对抗，与现在"以柔克刚"的太极推手技术相差甚远。

（二）形成：诸靠缠绕之技

陈王廷是太极拳发展历史上的代表人物之一，有说法认为陈王廷是太极拳的创始人。他在《拳经总歌》中的开头两句是："纵放屈伸人莫知，诸靠缠绕我皆

① 顾留馨．太极拳术[M]．上海：上海教育出版社，1982：294.
② 中国武术大辞典编辑委员会．中国武术大辞典[M]．北京：人民体育出版社，1990。

依。”著名武术家唐豪先生认为，其中的诸靠是指推手八法（掤、捋、挤、按、採、挒、肘、靠），两人手臂互靠，通过使用推手八法进行沾粘连随，练习懂劲和放劲的技巧。陈国锁先生考证认为，“皆依”又有“接衣”之说，表达的是近身技法。其中出现的诸靠缠绕之技便是太极推手的技术原型。

在这一阶段，太极推手逐渐形成，陈王廷创立的推手方法，以“缠绕粘随”为中心内容，练习皮肤触觉和内体感觉的灵敏性，综合了擒、拿、跌、掷、打等竞技技巧，而又有所发展。比如拿法，它不限于专拿人的骨节，而是着重于拿人的劲路，这就比一般拿法的技巧高。陈氏推手方法在当时具有很高的技击性，因此对发展体力、耐力、速度、灵敏和技巧都具有相当大的价值。

（三）成熟：懂劲柔发之技

王宗岳在《太极拳论》中提出“动静之机”、“随屈就伸”、“人刚我柔谓之走”、“我顺人背谓之粘”、“由懂劲而阶及神明”等一系列技术要求、战术观点、练习程序等，都充分反映了太极推手技战术的成熟与发展。具体表现为从陈王廷时期的“扳跌”技术发展到“接法”技术，预示了太极推手朝刚柔并济方向发展的路径。

其后，在杨露禅等众多太极拳家的完善下，逐渐形成了打手—推手—揉手的发展历程，形成独特的运动形式。在明末清初，伴随着太极拳的形成与发展，太极推手也逐渐完善成熟，但太极推手始终是依靠太极拳而存在的练习形式。

（四）发展：竞赛传承之法

在新中国成立后，为增强人民体质、满足全民健身的需求，1956 年，原国家体委创编简化太极拳，随后整理出《太极拳推手》，主要以杨氏太极拳推手为主要内容，将太极推手分类为定步推手与活步推手。

1979 年 3 月发布了（79）体运字 26 号文件，提出要针对武术技击比赛进行重点试验，太极推手名列其中，并制定了第一部《太极拳推手竞赛暂行规则》，1989 年被正式列入全国太极拳（剑）比赛中。太极拳、剑、推手比赛，是 20 世纪

80 年代后期兴起的唯一以拳种单列的全国比赛。竞赛的项目分为三类：一是太极拳竞赛套路，包括 42 式、杨式、吴式、陈式、孙式等；二是太极剑竞赛套路；三是太极拳推手。最初太极拳推手只进行男子比赛，按体重分 9 个级别。规程还规定，选报太极剑和太极拳推手的运动员也必须选报太极拳。1994 年开始进行女子太极拳推手比赛。太极拳推手是太极拳技击特点的集中体现。如何把太极拳推手纳入太极拳竞赛中、全面发展太极拳运动、把完整的太极拳运动奉献给世界，中国武术协会和原国家体委武术研究院做了研讨和试验部署。早在 1979 年，太极拳推手作为试点项目，在南宁举行的全国武术观摩交流大会上进行了首次表演比赛。之后，经过了 10 年的探索和发展，通过多次的交流、比赛、研讨，太极拳推手逐步建立了较为完整的竞赛体系，于 1989 年被列为比赛项目进行试验，并在此基础上制定了《太极推手暂行竞赛规则》。1991 年，对《太极推手暂行竞赛规则》又进行了修改、完善，经原国家体委审定，正式颁布了《太极拳推手竞赛规则》。

2015 年公布《武术太极拳推手竞赛规则(试行)》，经过实践与改良，2024 年 7 月 23 日，中国武术协会印发《武术太极拳推手竞赛规则(试行)》。

三、太极推手的特点

太极推手的特点应当与其他对抗性项目区别开来：其在力度上，追求以小力打大力，以无力打有力；在战术上，追求以手慢打手快，以后发而制先发；在技术上，追求沾粘连随不丢顶，以柔化而制刚猛。

(一)以小胜大

有关太极推手特点最为经典的论述是《太极拳论》中提出的“四两拨千斤”、“显非力胜”、“舍己从人”等观点，总的来说，就是以小胜大。太极推手实战中追求的就是以巧获胜。与规范的太极推手竞赛不同，在民间太极推手的实战较量中，不同的重量之间也会试手较量，经常会出现小重量胜出的情况，这是因为小重量会使用巧劲，掌握了太极推手的核心技巧，使用较小的力量击打对方薄弱的部位，使得对方摔出或者倒地。从力学的角度来看，用小力胜大力的原理是杠杆原理：找到合适的支点，通过使用较小的力量就可以撬动重物，太极推手的特点也是如此，找到合适的位置，便可以小胜大。

（二）以慢打快

太极推手是在太极拳的基础上进行的，因此太极推手也吸收了太极拳慢的特点。在《太极拳论》中，快慢并不是形容速度，而是发招前后的关系，追求以手慢打手快，以后发而制先发。在太极拳中有“听劲”一说，通过皮肤的感触，感受对方力量的大小、方向，再采取相应的方法和手段，化解并作用于对方的劲，或是引进落空，使其失重，或是顺力击打，从而达到制胜的目的，这就是舍己从人的表现。在攻防中，太极推手更强调后发制人，后动胜于先动，也就是快慢之表现，通过对方的进攻来防守回击，达到后发制人之效，以慢胜快。当然，在面对快速进攻时，缓慢防守也并不能取得良好的效果，因此以慢胜快是战术策略之一。

（三）以柔克刚

在太极推手中，两人通过掤、按似有似无的沾粘连随感受对方的劲力，所谓“走即是粘，粘即是走”，走就是指变化，即彼屈我伸，或者是“随”，即彼伸我屈，不丢不顶，不与对方脱手。不丢不顶即不要和对方的来劲做较力，应当在两人接触时使用技法，感受对方劲的变化，用巧劲使对方失重。在技术上，推手追求沾粘连随不丢顶，以柔化而制刚猛。在太极推手中，“四两拨千斤”就是以柔克刚的描述。在双方不脱离接触的推手状态下，对方使用劲力向前进攻时，通过皮肤接触感受对方劲力的方向，就可以通过顺从其发力的方向作用力，使其失重，从而制胜。

知识拓展

陈王廷(1600—1680年),字奏庭,出生于河南温县陈家沟,传言认为是太极拳创始人。他好拳习武,曾被誉为"文事武略,皆卓越于时",代表作品有《拳经总歌》。

陈王廷系陈家沟陈氏始祖陈卜第九世孙。出身地主家庭,年轻时,曾走镖于山东一带,扫荡群匪,声播齐鲁,匪寇闻名丧胆。因他生得面红庄重,蓄有美髯,骑红色战马,惯使春秋大刀,江湖同道便给他起了个绰号"二关公"。据《陈氏拳械谱》载,陈王廷所造拳套,有太极拳(一名十三势)五路、长拳一百零八势一路、炮捶一路。戚继光《拳经》三十二势,被吸取了二十九势。在他年老隐居期间,依据祖传之拳术,博采众家之精华,结合太极阴阳之理,参考中医经络学说及导引、吐纳之术,创造了一套具有阴阳相合、刚柔相济的太极拳。陈王廷传授下来的有太极拳一至五路、炮捶一路、长拳一百零八势,双人推手和刀、枪、剑、棍、锏、双人粘枪等器械。其中,双人推手和双人粘枪更是具有前所未有的独特风格。他的这些活动,使他成为继我国明朝抗倭名将戚继光之后整理民间武术的杰出人物之一。

第二节 太极推手基本技术

太极推手的手型手法和步型步法与武术中常用的相同。常用的手型有立掌、仰掌、俯掌、勾手,常用的手法则有单按掌、双按掌、搂掌、採勾手、云掌、挂掌;常用的步型包括马步、偏马步、弓步、虚步,常用的步法可归纳为进步、退步、横移步、绕步四种。

在基本手型手法、步型步法的基础之上组合形成丰富的太极推手的基本技术。首先是单手沾粘技术,如平圆单推手、立圆单推手、折叠单推手;其次是双手缠绕技术，如平圆双推手、立圆双推手、折叠双推手、双缠臂、四正手。

一、手型手法、步型步法介绍

（一）手型基本规格

太极推手中的基本手型与武术套路中的基本一致，参见第四章第一节。

（二）手法基本规格

1. 单按掌

（1）预备势，并步直立。

（2）左脚提起，向左平行开步，两脚间距与肩同宽，两手臂前平举至肩高，同肩宽，掌心向下，两眼平视前方。

（3）两腿屈膝下蹲，两臂松肩松肘，两掌下按至胯前，上体保持中正，松腰敛臀。

（4）左手向上抬至左肩前，大小臂折叠，掌指向上，掌心向前。

（5）身体不动，左手向前平推。

（6）左手下按至胯前，同时右手向上抬起，屈于右肩前，掌指向上，掌心向前。左右练习方法相同，唯方向相反。（图 6—1）

图 6—1

2. 双按掌

(1)预备势,并步直立。

(2)左脚提起,向左平行开步,两脚间距与肩同宽,两手臂前平举至肩高,同肩宽,掌心向下,两眼平视前方。

(3)两腿屈膝下蹲,同时两手臂屈肘于胸前,掌指向上,掌心向前。

(4)两手向前平推,肘关节伸直,同胸高,坐腕,立掌,掌指自然伸直向上,掌型不变。

(5)接上势,两手下落回收至胯前,两手再次屈肘于胸前,动作相同,重复练习。(图 6—2)

图 6—2

3. 搂掌

(1)预备势,并步直立。

(2)左脚提起,向左平行开步,两脚间距与肩同宽,两手臂前平举至肩高,同肩宽,掌心向下,两眼平视前方。

(3)两臂屈肘,两手下按至两胯旁侧,同时两腿屈膝下蹲,掌指向前,掌心向下。

(4)右手经腹前,内旋向左前 45 度伸手,上体随手向左转,掌心斜向下,掌指向左前方。

(5)接上势不停,右手向右45度搂手,同时沉肘外旋,身体随搂手右转,掌心向下,掌指向右前方。

(6)右手回捋至胯侧,身体向左转正,目视前方。左右练习方法相同,唯方向相反。(图6—3)

图6—3

4. 採勾手

(1)预备势,并步直立。

(2)左脚提起,向左平行开步,两脚间距与肩同宽,两手臂前平举至肩高,同肩宽,掌心向下,两眼平视前方。

(3)两臂屈肘,两手下按至两胯旁侧,同时两腿屈膝下蹲,掌指向前,掌心向下。

(4)左手外旋向右45度伸手,与肩同高,身体右转,掌心向上,掌指向前。

(5)屈指,屈腕内旋,向左採,屈肘至左耳侧成勾手,身体随之向左转正。

(6)左手放松,向下落至胯侧,成马步双按掌,掌心均向下,掌指向前,目视前方。

(7)右手外旋向左45度伸手,与肩同高,身体左转,掌心向上,掌指向前。

(8)屈指,屈腕内旋,向右採,屈肘至右耳侧成勾手,身体随之向右转正。左右练习方法相同,唯方向相反。(图 6—4)

图 6—4

5. 挂掌

(1)预备势,并步直立。

(2)左脚提起,向左平行开步,两脚间距与肩同宽,两手臂前平举至肩高,同肩宽,掌心向下,两眼平视前方。

(3)两臂屈肘,两手下按至两胯旁侧,同时两腿屈膝下蹲,掌指向前,掌心向下。

(4)左手抬起至左肩前,内旋,掌心斜向外,掌指向上,目视左前方。

(5)左手外旋向右、向下弧线挂至腹前,掌心斜向上,目视左前方。

(6)左手内旋收至胯侧,掌心向下,成马步双按势。

(7)右臂屈肘,右手抬起至右肩前,内旋,掌心斜向外,掌指向上,目视右前方。

(8)右手外旋向左、向下弧线挂至腹前,掌心斜向上。左右动作相同,唯方向相反。(图 6—5)

图 6—5

6. 云掌

(1)预备势,并步直立。

(2)左脚提起,向左平行开步,两脚间距与肩同宽,两手臂前平举至肩高,同肩宽,掌心向下,两眼平视前方。

(3)两臂屈肘,两手下按至两胯旁侧,同时两腿屈膝下蹲,掌指向前,掌心向下。

(4)右手外旋,向左上 45 度抬起,掌心斜向上,身体随手左转。

(5)右手向左 45 度平云划弧,掌指向前,掌心向上,同时身体随手右转。

(6)接上势,右手向下弧线至胯前,屈肘下按,左手外旋,向右上 45 度抬起,掌心斜向上,身体随手右转。

(7)左手向右 45 度平云划弧,掌指向前,掌心向上,同时身体随手左转。左右动作相同,唯方向相反。(图 6—6)

图 6-6

(三)步型基本规格

太极推手中的基本步型与武术套路中的基本一致,参见第四章第二节。

(四)步法基本规格

1. 进步

(1)预备势,两脚并拢直立。头正,项直,下颌微内收,两臂松垂体侧,两手轻贴大腿外侧,两眼平视。

(2)两手内旋屈肘向后,两掌背贴在两肾俞穴上,掌心向后,同时两脚开立,与肩同宽;随之屈膝下蹲,敛臀收腹,气沉丹田,呼吸自然。

(3)右脚尖外摆 45 度,身体随之右转,胸向右前方;左脚提起收至右脚内侧,脚尖点地。

(4)左脚提起向左前方缓慢出脚,脚跟着地,身体重心在右腿,身体不转,裆胯松圆,右膝微外展,与右脚尖垂直。

(5)左脚尖微内扣,向正前方落实,随之左腿屈膝前弓,身体左转,重心前移,右脚跟外展,右腿蹬直,胸向正前方。

(6)右腿屈膝,重心稍后移,左脚尖外摆,身体左转,右脚跟外摆抬起,前脚掌着地,胸向左前方。

(7)左腿屈膝前弓,左胯放松稍下沉,身体重心前移,同时右脚蹬地提起,收至左脚内侧,脚尖点地。

(8)右脚提起向右前方缓慢出脚,脚跟着地,身体重心在左腿,身体不转,裆胯松圆,左膝微外展,与左脚尖垂直。

(9)右脚尖微内扣,向正前方落实,随之右腿屈膝前弓,身体右转,重心前移,左脚跟外展,左腿蹬直,胸向正前方。(图 6—7)

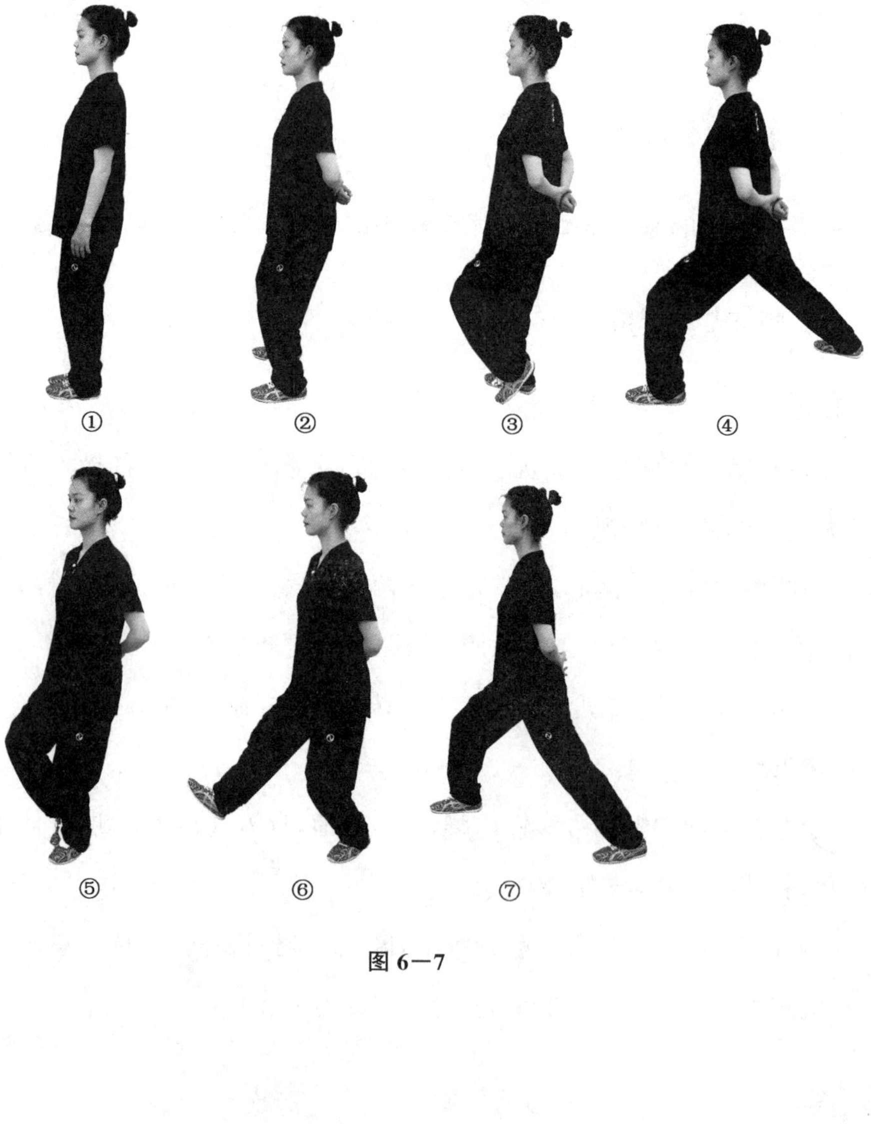

① ② ③ ④ ⑤ ⑥ ⑦

图 6—7

2. 退步

(1)预备势,两脚开立,与肩同宽,两手叠于腹前(男士左手在内,女士右手在内),两腿屈膝下蹲,松腰松胯。身体重心移至右腿,提起左脚向后撤步,右脚尖前点地。

(2)松胯,提起右脚向后落步,脚尖着地,脚跟内扣,屈膝,松胯,重心后移至右腿,身体微右转,左脚跟抬起外摆,前脚掌着地,成左虚步。(图 6—8)

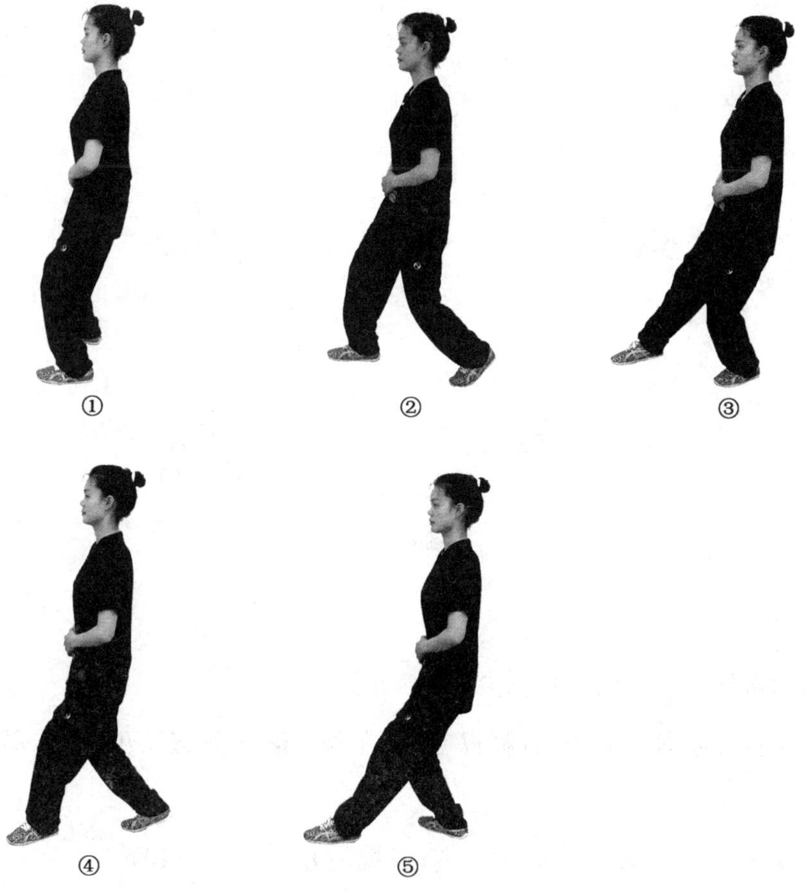

图 6—8

3. 横移步

(1)预备势,并步直立。

(2)左脚提起向左平行开步,与肩同宽,两手臂前平举至肩高,同肩宽,目视前方。

(3)两手叠掌置于腹前,同时屈膝下蹲,目视前方。

(4)左脚向左横迈一步,右脚向左跟一步,身体保持中正,手型不变,目视前方。

(5)两手放松,下落垂于体侧,身体直立,左脚提起向右脚并拢,目视前方。(图 6—9)

①

②

图 6—9

4.绕步

(1)预备势,并步直立,右脚尖外摆 45 度。

(2)左脚提起向前上步,右脚提起,从左脚后侧向前交叉步,身体仍保持中正。

(3)接上势不停,身体右转 180 度,目视前方。(图 6—10)

图 6—10

二、单手沾粘技术(单推手)

(一)单练单推手

1. 平圆单推手

(1)预备势,并步直立。提起左脚向左平行开步至肩宽,掌心向下,掌指向前,两眼平视。

(2)两手屈臂下按,同时两腿屈膝下蹲,成马步双按势,两手在两胯侧,掌心向下,掌指向前。右手屈臂抬起至右肩前,掌心向前,掌指向上,目视前方。

(3)右手坐腕立掌向胸前平推,同肩高,松肩沉肘。右手外旋前掤,身体微左转,掌心向内,掌指向左,臂呈弧形,同胸高。

(4)右手屈肘回至胸前,掌型不变,身体转正。随之右手内旋沉肘,将肘收至右肋侧,手收至右肩前,掌心向前,掌指向上。

(5)右手向下按至胯侧,随之左手屈臂抬起至左肩前,掌心向前,掌指向上,然后坐腕立掌向胸前平推,同肩高,沉肩垂肘,目视前方。

(6)左手外旋前掤,身体微右转,掌心向内,掌指向右,臂呈弧形,同胸高,然后屈臂回掤至胸前，掌型不变，身体转正。随之左手内旋沉肘，将肘收至左肋侧，手收至左肩前，掌心向前，掌指向上。如此反复循环练习。（图 6－11）

图 6－11

2. 立圆单推手

（1）预备势，两脚左右开立同肩宽，两腿屈膝下蹲，两手随之按至胯侧，掌心向下，掌指向前，两眼平视。

（2）右大臂放松不动，右手屈臂抬起至右肩前，掌心向前，掌指向上。接着右手向左前方伸手，以手带臂将臂伸直，沉肩垂肘，随之直臂下落，同腹高，掌心向下，掌指向前，眼看右手。

（3）右手向后捋至胯侧，同时左大臂放松不动，左手屈臂抬起至左肩前，掌心向前，掌指向上。然后左手向右前方伸手，以手带臂向前伸直，沉肩垂肘，接着直臂下落，同腹高，掌心向下，掌指向前，眼看左手。（图 6—12）

①　②　③　④

图 6—12

3. 折叠单推手

（1）预备势，两脚左右开立同肩宽，两腿屈膝下蹲，两手随之按至胯侧，掌心向下，掌指向前，两眼平视。

（2）右臂屈肘，右手内旋向上提至右肩前，掌心向前。

（3）用右手指尖向左前下方插掌，身体微左转，掌心向下，掌指向前下方。

（4）右臂沉肘，右手外旋翻掌，掌心向上，掌指向上，眼看右手。

（5）右手向右胯侧沉落，身体随之转正，掌心向上，掌指向前。

（6）右手内旋按至胯侧，同时左臂屈肘，左手内旋向上提至左肩前，掌心向前。

（7）用左手指尖向右前下方插掌，身体微右转，掌心向下，掌指向前下方，眼看左手。

（8）左臂沉肘，左手外旋翻掌，掌心向上，掌指向上，然后再向下沉落左胯。如此反复练习。（图 6—13）

图 6—13

(二)对练单推手

1. 平圆单推手

(1)甲乙相对站立,距离以“一方握拳前平举,拳面接触对方身体”为准。甲提左脚,乙提右脚,向同侧开步,与肩同宽,随之两腿屈膝下蹲,两手按至胯侧。然后甲乙右手提起至胸前交叉相搭,眼看对方。

(2)甲右手内旋屈臂,向右引至右肩前,坐腕立掌,掌心按在乙右手腕外侧的外关穴上；乙右手外旋粘随甲右手前掤，臂呈弧形，掌心向内。

(3)甲右手向乙胸前推按；乙右手屈臂回掤至胸前，沉肘，手内旋向右引至右肩前，坐腕立掌，掌心按在甲右手腕外侧的外关穴上；同时甲右手外旋粘随乙右手前掤，臂呈弧形，身体微左转，掌心向内。

(4)重复(2)～(3)动作，唯方向左右相反。(图 6—14)

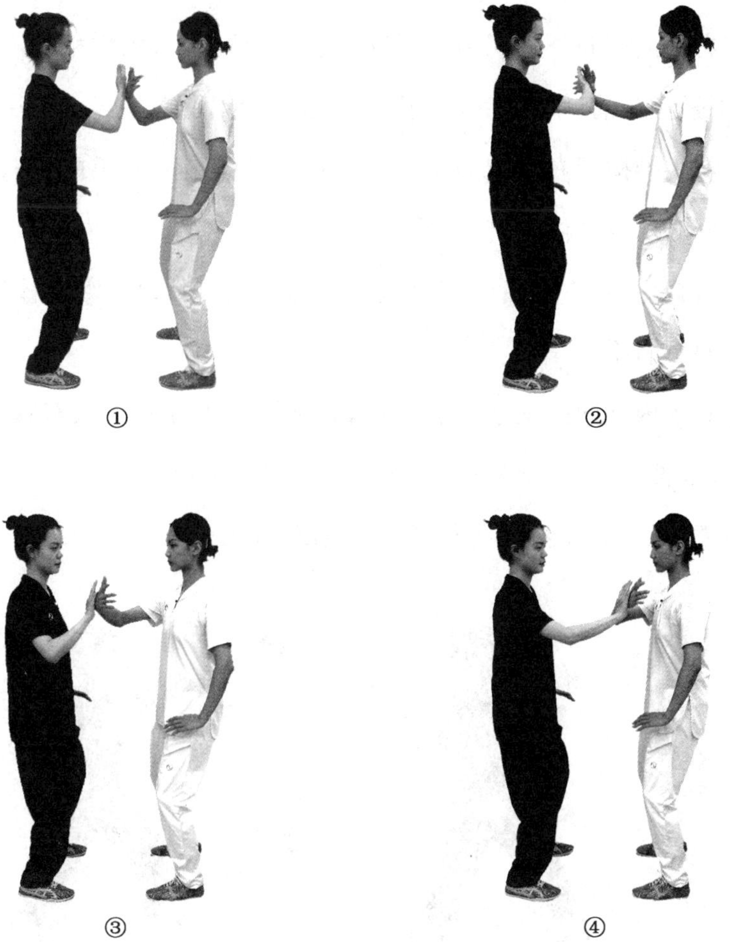

① ② ③ ④

图 6—14

2. 立圆单推手

(1)甲乙站立，距离以“一方握拳前平举，拳面接触对方身体”为准。甲提左脚，乙提右脚，向同侧开步，与肩同宽，随之两腿屈膝下蹲，两手按至胯侧。甲乙双方提右脚向前上步，右脚内侧相对。甲乙右手提起至胸前交叉相搭，两手腕外侧相贴，眼看对方。

（2）甲右手内旋向乙面部伸插，掌心向下，掌指向前；同时乙右臂屈肘，右手向右耳侧引化，身体微右转；随之甲身体微左转伸臂；同时甲乙两手外侧相互滚压。

（3）乙右手内旋向外滚切甲右手腕，扶按在手腕上，用掌根按在甲手腕上，沿体侧向下按至胯前；甲顺乙势向下随至乙右胯前，眼看右手。

（4）乙右手推按甲右手腕向甲腹部推按；甲顺乙势，右手向右胯前引化，身体微右转；同时乙身体微左转，眼看右手。

（5）甲右臂屈肘，右手沿体侧上提至右耳侧；乙顺甲势，沿甲体侧向上随至甲右耳侧，眼看右手。

（6）甲右手内旋向外滚切乙右手腕，屈指握乙手腕向下采至腹前。同时甲乙左手抬起前伸，在胸前交叉相搭，两手外侧相贴，眼看对方。

（7）重复（2）～（5）动作，唯方向左右相反。（图 6—15）

①

②

③　④　⑤

图 6—15

3. 折叠单推手

(1)甲乙相对站立，距离以“一方握拳前平举，拳面接触对方身体”为准。甲提左脚，乙提右脚，向同侧开步，与肩同宽，随之两腿屈膝下蹲，两手按至胯侧。甲乙双方提右脚向前上步，右脚内侧相对。甲乙右手提起至胸前交叉相搭，两手腕外侧相贴，眼看对方。

(2)甲右手内旋向乙腹部伸插；乙右手外旋用掌背压甲掌背，同时向右胯侧引化，身体稍右转；甲身体微左转，甲乙两手背的中渚穴相互挤压。

(3)乙右手内旋，带甲手向右、向上划弧至右肩前，屈肘；同时甲顺乙势，右手外旋粘乙手至乙右肩前，掌心向上，沉肩垂肘，眼看右手。

(4)乙右手向甲腹部伸插；甲右手向右下方引化乙手，身体稍右转；乙身体微左转，掌心向下，掌指向前。

(5)甲右手内旋,带乙手向右、向上划弧至右肩前,掌心翻向下,屈肘;同时乙顺甲势,右手外旋向上至甲右肩前,掌心翻向上,眼看右手。

(6)乙右手向下沉压甲右手至腹前;甲随乙势,向下落至腹前。同时甲乙左手抬起前伸,在胸前交叉相搭,两手外侧相贴。

(7)重复(2)~(5)动作,唯方向左右相反。(图 6—16)

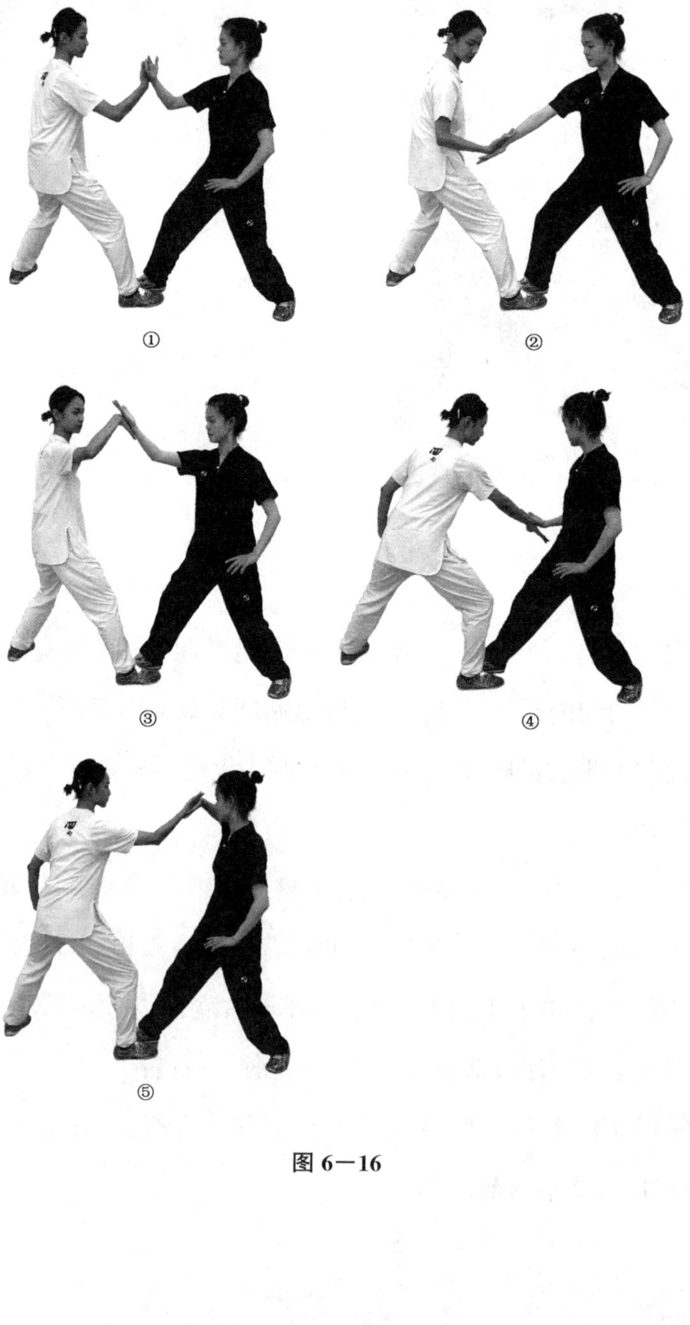

①　②　③　④　⑤

图 6—16

三、双手缠绕技术(双推手)

(一)平圆双推手

(1)甲乙站立,距离以“一方握拳前平举,拳面接触对方身体”为准。甲提左脚,乙提右脚,向同侧开步,与肩同宽,随之两腿屈膝下蹲,两手按至胯侧。

(2)甲乙双方提右脚向前上步,右脚内侧相对,脚跟先着地,脚尖勾起,同时双方右手外旋前伸,手背相贴,手腕交叉相搭,左手掌扶于对方右肘部,目视对方。

(3)双方右脚踏实,甲右手内旋,掌心按在乙的右手腕上,左手扶于乙右肘部,向乙胸部推按(通称为按),同时右腿屈膝前弓;乙左腿屈膝后坐,右手外旋屈臂,回掤屈抱于胸前,掌心向内,同时左臂屈于胸前,掌心斜向前,掌指向上。

(4)乙右手内旋,掌心按在甲右手腕上,身体微右转,左手随转体向右;同时甲右手外旋前掤,左手向前按扶乙右肘,目视对方。

(5)乙右腿屈膝前弓,同时两手按甲右臂向甲胸推按;甲左腿屈膝,重心后移,两手屈臂回掤至胸前。

(6)甲右手内旋,身体微右转;同时乙右手外旋前掤。

(7)重复(2)～(6)动作,唯方向左右相反。(图 6—17)

图 6—17

（二）立圆双推手

（1）甲乙站立，距离以“一方握拳前平举，拳面接触对方身体”为准。甲提左脚，乙提右脚，向同侧开步，与肩同宽，随之两腿屈膝下蹲，两手按至胯侧。

（2）甲乙双方提右脚向前上步，脚跟着地，两脚内侧相对，同时右手前伸，手背相贴，手腕交叉相搭，左手按在对方肘上。

（3）甲乙右脚踏实，甲屈膝前弓，右手内旋向乙面部伸插，同时左手向前推按；乙右手内旋屈臂，向右侧引化甲右手，左手随右手向右捋甲右臂，身体微右转，目视右手。

（4）乙右手掌按在甲右手腕上，沿体侧向下弧线按至胯前，左手向下捋；同时甲右手沿乙体侧向下至胯前，左手扶乙右肘部，目视右手。

（5）乙两手按甲手臂向甲腹部推按，同时右腿屈膝前弓；甲随乙按势，左腿屈膝，重心后移，两手向右胯侧引化乙之按势，目视右方。

（6）甲两手沿体侧弧线上提至头右侧，身体微右转；乙两手随甲上提至甲头右侧，目视右手；甲再向乙面部伸插，如此循环，反复练习。（图6—18）

①

②

图 6—18

(三)折叠双推手

(1)甲乙站立,距离以“一方握拳前平举,拳面接触对方身体”为准。甲提左脚,乙提右脚,向同侧开步,与肩同宽,随之两腿屈膝下蹲,两手按至胯侧。

(2)甲乙双方提右脚向前上步,右脚内侧相对,脚跟先着地,脚尖勾起,同时双方右手外旋前伸,手背相贴,手腕交叉相搭,左手掌扶于对方右肘部,目视对方。

(3)甲乙右脚踏实,甲右手内旋屈臂于右胸前,掌心向下;乙右手外旋,掌心翻向上，压于甲右掌背上，同时右腿屈膝前弓，双方左手不变。

（4）甲右手向前伸插，同时右腿屈膝前弓，左手向前推按；乙左腿屈膝后坐，右手沿弧线向下、向右胯引化，左手随之下捋。

（5）乙右手内旋，向右、向上弧线至右胸前，掌心翻向下，左手不变；甲随乙势，沿乙体侧外旋至乙右胸前，掌心翻向上。

（6）乙右手向甲面部伸插，同时右腿屈膝前弓，左手向前推按；甲左腿屈膝后坐，用右手向下、向右胯引化，左手随之下捋。如此循环，反复练习。（图6—19）

①　②　③　④

图6—19

(四)双缠臂

(1)预备势,甲乙相对站立。

(2)甲乙左脚外摆 45 度,两手外旋侧平举至头上方,目视右手。

(3)甲乙屈肘两掌向内,经面、胸下按至腹前,同时屈膝下蹲,目视对方。

(4)甲乙提起右脚向前上步,两脚内侧相对,同时屈膝前弓成弓步,乙两手抬起向甲两大臂推按,甲用掤劲掤住乙的来劲使其劲不能向前,同时两手从内侧按在乙两大臂上。

(5)甲右手松开,外旋向下、向右绕乙左臂至乙左臂上侧,屈肘,右胯放松下沉,用右侧身体压乙左臂,同时左手向右前推按;乙左臂放松,右臂用掤劲。

(6)甲左臂放松,向左引乙右臂,右手内旋贴乙左臂向乙左腋下伸插,目视右手。

(7)甲身体稍左转,右手如单鞭势向前伸插,掌心向下,指尖向前;乙右手放松,左胯、左臂依次放松下沉。

(8)甲右手外旋沉肘,手向上、向左收,同时松左胯;乙左手外旋收肘向下,绕甲臂重复甲的动作,如此左右反复练习。(图 6—20)

① ②

③　④

⑤　⑥

图 6—20

（五）合步四正手

(1)双掤势。甲乙相对站立，距离以“一方握拳前平举，拳面接触对方身体”为准。甲乙左脚尖外摆 45 度，提起右脚向前上步，两脚内侧相对。同时右手前伸相搭，两手背相贴，左手抬起按在对方右肘部，右腿屈膝前弓，形成双掤势。

(2)甲掤乙捋势。甲右腿继续前弓，右手微外旋前掤，臂呈弧形；乙右手内旋在甲手背上滚压，随之两手向右捋，同时左腿屈膝，重心后移，身体微右转。

(3)甲挤乙按势。甲右臂屈肘，身体微右转，用右小臂挤乙胸部，左手松开，扶至右肘内侧，与乙左手相接；乙身体微左转，两手扶甲右臂向下、向前推按，同时右腿屈膝前弓；甲随乙按势，重心后移至左腿，左腿屈膝。

(4)甲捋乙掤势。甲右手向下，外旋向右、向上扶按乙左肘部；同时乙左手外旋前掤；甲随乙掤势，左手内旋，两手向左捋乙左臂，身体微左转。

(5)甲按乙挤势。乙左臂屈肘，身体微左转，用左小臂平挤甲胸部，右手松开，扶至左肘内侧，与甲右手相接；甲身体微右转，两手扶乙左臂向下、向前推按，同时右腿屈膝前弓；乙随甲按势，重心后移至左腿，左腿屈膝。

(6)双掤势。乙左手向下，外旋向左贴甲右臂下侧挤出，扶按甲右肘部，右手随之前掤；同时甲右手外旋向上掤至胸前，左手按乙右肘部。甲乙各含掤劲，形成双掤势。如此循环，反复练习。(图 6—21)

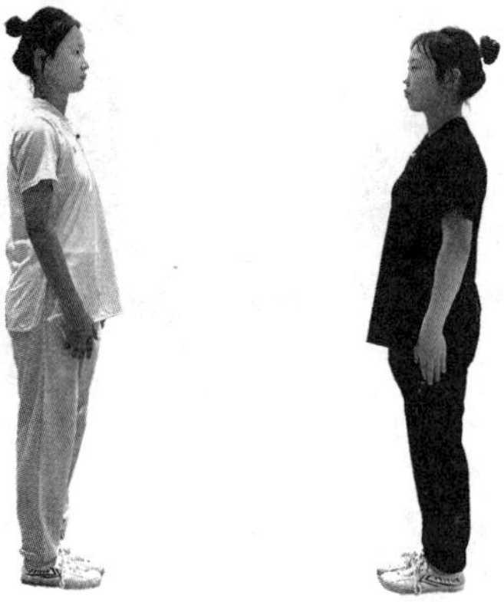

①

②

③

④

⑤　⑥　⑦　⑧

图 6—21

(六)顺步四正手

(1)预备势。甲乙相对站立。

(2)双掤势。甲右脚外摆 45 度,提起左脚,乙提右脚向前上步,甲左脚在乙右脚外侧。甲乙同时右手前伸交叉相搭,左手扶在对方的右肘部,各含掤劲。

(3)乙掤势,甲捋势。甲乙两脚踏实,乙右臂向前,左手在右臂内侧与甲左手相接,随之重心前移;同时甲右手内旋向右上捋化,左手随右手方向捋。

(4)乙挤势,甲按势。乙身体微右转,右臂屈肘挤甲胸部;甲身体右转,两手按乙小臂向前推按；乙用左肘掤接甲右手，用左手掤接甲左手，右手向下、向外托甲左肘。

(5)乙捋势，甲掤势。乙身体微左转，左手内旋，向左、向上捋甲左臂，右手托甲左肘向上、向左捋；甲左手臂外旋前掤，重心前移，目视左手。

(6)甲挤势，乙按势。甲右手松开，扶于左肘内侧与乙右手相接，左臂屈肘平挤乙胸部；乙身体微右转，两手按甲左小臂向甲胸推按；甲用右肘掤接乙左手，右手掤接乙右手，左手外旋向下、向外托乙右肘。如此循环，反复练习。(图6—22)

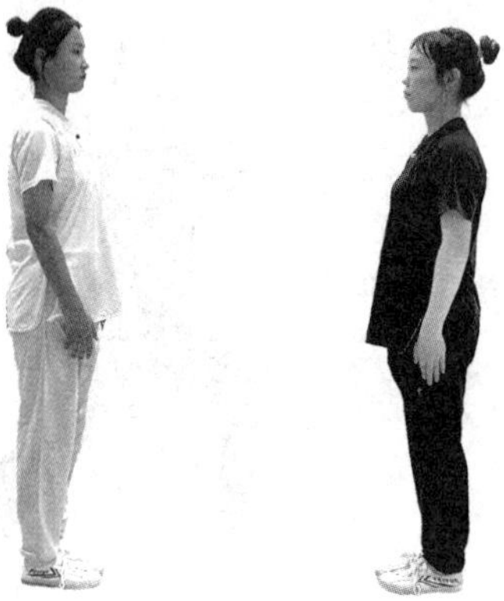

①

②

③

④

⑤ ⑥ ⑦ ⑧

图 6－22

第三节　太极推手实战应用技术

太极推手实战是太极推手练习的最终目的。通过掌握太极推手的基本技术后，再将技术有机地应用到实战中。当然针对实战环境的不同需求，也需要应用不同的推手技术。只有在掌握基础的实战技术后，再将基础技术进行变式，在适宜的环境中使用才能取得胜利。

一、双掤势

(1)预备势,甲乙相对站立,目视对方,距离以“一方握拳前平举,拳面接触对方身体”为准。甲乙左脚外摆45度,两手外旋侧平举至头上方,掌指向上,掌心相对。

(2)甲乙屈膝下按至腹前,掌心均向下,掌指向前,目视对方。

(3)甲乙身体重心移至左腿,提起右脚向前上步,脚跟先着地,甲乙两脚内侧相对,同时右手前伸,两手腕交叉相搭,左手前伸扶按在对方右肘部。

(4)甲乙右脚踏实,重心移至两腿之间,右臂松肩沉肘,双方各含掤劲,目视对方,伺机进攻。(图6—23)

①

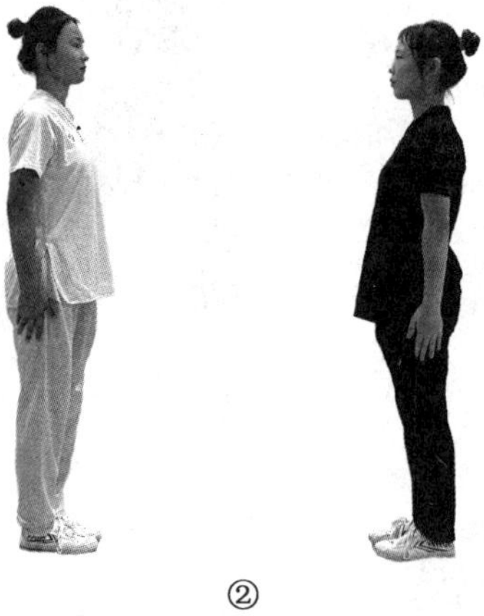

②

③

④

⑤

⑥

图 6—23

二、进步双掤按

(1)预备势,甲乙相对站立,搭手成双掤势。

(2)乙右手外旋,两手向前按甲胸,力达掌心向前按出;甲两手呈抱球状,掌心向内,迅速掤至乙两臂下侧,头正上顶,胸微含,放松,两手要有向上的掤劲,两脚踏地站稳。

(3)乙两手继续向前推按,用按劲将甲推出;甲两手内旋向上、向内划弧,同时后仰,右脚提起向前进步。

(4)甲身体重心下沉,右脚踏实,两手继续内旋变掌,掌心向前,按在乙两大臂(或胸)上,两肩放松,两肘下沉。

(5)甲两手向前推按,使乙重心向上,同时左脚蹬地发力,力上传至腰达于手,将乙推出,同时左脚向前跟步,目视对方。(图 6—24)

①　②　③　④　⑤

图 6—24

三、撤步采按

(1)预备势,甲乙相对站立,搭手成双掤势。

(2)乙右手内旋压甲右臂,两掌向前推按;甲左手屈臂内旋,在乙右臂内侧接乙右手腕,右手外旋前伸至乙右臂腋下,掌心贴于大臂根部,屈指,同时身体微左转,左胸向后化乙右手按劲。

(3)甲左手随转体向外、向下挂采乙手至腹前,同时提起右脚向后撤步至左脚后侧。

(4)甲左手松开按至乙右肩后侧,右手引采乙右臂弧线向前至腹前,身体向右后转,右手不停向前、向上采至额前上方,左手随右手向前发力按出。此势在转体的同时发力按出。(图 6—25)

①　②　③　④

图 6—25

四、绕步採按

(1)预备势,甲乙相对站立,搭手成双掤势。

(2)甲左手从乙右臂下侧向内绕,内旋至乙右腕内侧,右手松开,外旋前伸至乙右臂腋下,掌心贴在乙右大臂根部,屈指。

(3)甲左脚提起向前上步,脚落在乙右脚外侧,左手抬起扶按至乙右肩后侧。

(4)甲提起右脚向左脚后侧插步,脚前掌着地,身体向右转,右手向右採乙,迫使乙移动步法。

(5)甲身体继续向右后转体180度,右手採乙移动后不停,引採乙向右绕至面前时,迅速向前发力按出。(图6—26)

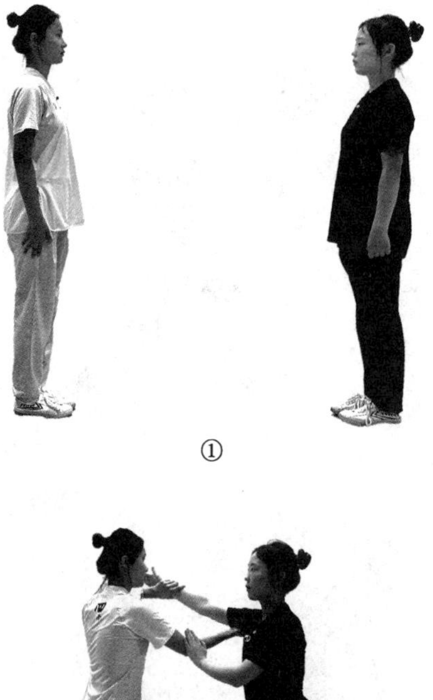

①

②

③

④

⑤　　　　　　　　⑥

图 6—26

五、撤步大捋

(1)预备势,甲乙相对站立,搭手成双掤势。

(2)乙右手内旋,化开甲右手掤劲,右手按向甲胸;甲右手外旋托至乙右手腕下侧,手指微屈,左手扶至乙右臂上侧。

(3)甲右脚提起向后撤步至左脚后侧,两手捋乙右臂向下、向右捋出。(图6—27)

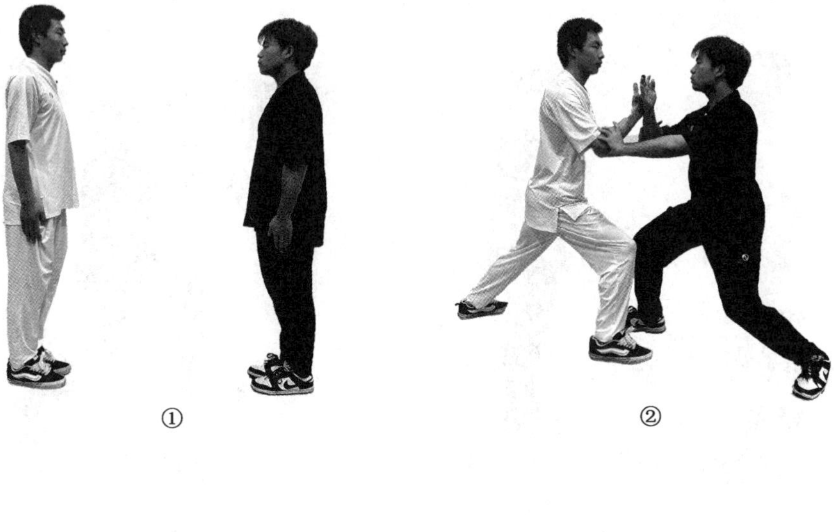

①　　　　　　　　②

③ ④

图 6—27

六、撤步双採

（1）预备势，甲乙相对站立，搭手成双掤势。

（2）乙右手内旋，左手向右按甲肘，甲右臂向下化开乙两手，乙两手顺势按甲腹部，甲两手迅速扶至乙两大臂上，左脚向后撤步，加大步法使身体重心稳定。

（3）乙两手继续向前下推按，甲右脚向后撤步，同时两手迅速向下採，使乙向前跌出。（图 6—28）

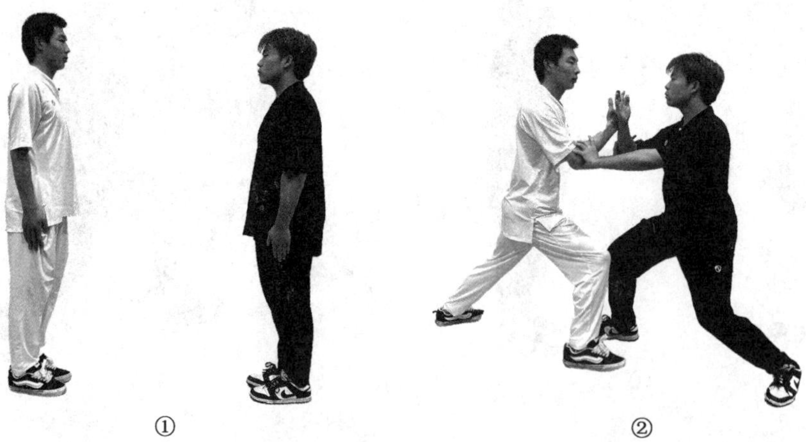

① ②

③

④

图 6—28

七、进步采挒

(1)预备势，甲乙相对站立，搭手成双掤势。

(2)甲右手向内、向下、向前按至乙左腋下(或大臂)，左手扶按至乙右臂上，指微屈。

(3)甲左手前下采，右手向上、向左前托按，右脚提起向前进步，左脚蹬地跟步，两手同时向左前发力，将对方推出。(图 6—29)

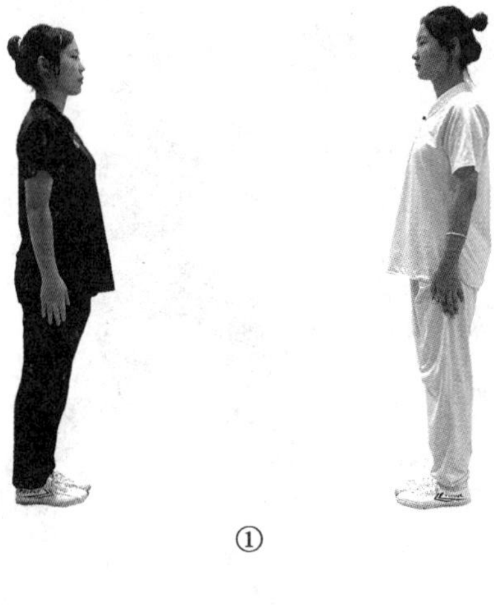

①

②

③ ④

图 6—29

八、进步掤肘

(1)预备势,甲乙相对站立,搭手成掤势。

(2)甲右臂屈肘,由下向上掤至乙右腋下,左手掌按在右腕内侧,右脚提起向前进步,身体微左转。

(3)甲右手内旋向右前上方挤出,左手助力上掤,同时左脚蹬地跟步将对方推出。(图 6—30)

① ②

③

④

图 6—30

九、进步靠

(1)预备势,甲乙相对站立,搭手成双掤势。

(2)甲右手内旋,掌心贴乙腕,屈指,向下、向右採至右胯侧,左手松开,向左自然伸展,右脚提起向乙裆内进步。

(3)甲右腿屈膝前弓,身体微左转,用右肩向前靠乙,将乙靠出。(图 6—31)

①

②

③ ④ ⑤

图 6—31

十、上步靠

(1)预备势,甲乙相对站立,搭手成双掤势。

(2)甲左手松开后从右肘下向右伸手,接乙左手腕屈指握住,右臂沉肘回收,右手在乙左手下侧,与左手合握乙左手腕,虎口均向上。

(3)甲右脚回撤,提起左脚向前上步,落在乙右脚外侧,两手向左引带乙左手至左膝外侧,使乙臂伸直,身体向右倾斜。

(4)甲左腿屈膝前弓,贴乙右小腿外侧,身体左转,用右肩向前靠乙,乙跌

出。(图 6—32)

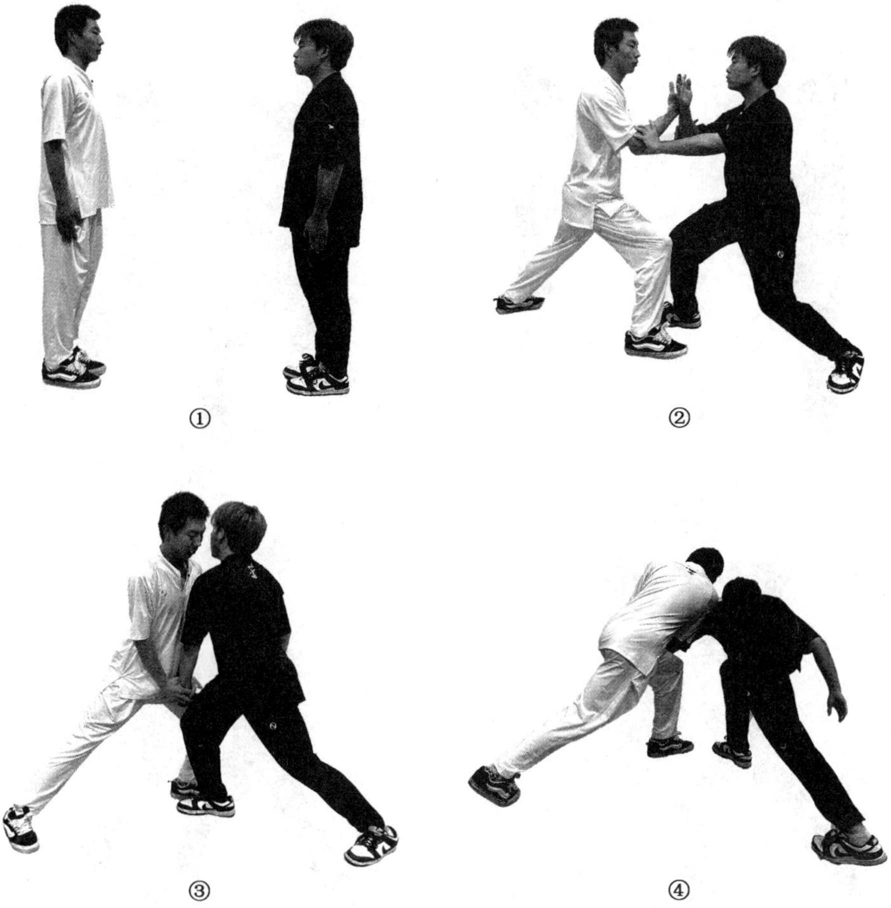

图 6—32

十一、上步压肘

(1)预备势,甲乙相对站立,搭手成双掤势。

(2)乙右手内旋化开甲掤劲,同时两手按向甲胸;甲左手屈臂抬起,与乙右手腕内侧相贴,右手外旋前伸至乙右腋下,掌心贴乙右大臂根部,屈指。

(3)甲左手向外、向下弧线挂至腹前,右肘上提,同时左脚向前上步,落于乙右脚外侧,屈膝与乙腿相贴并内旋,随之左手抬起扶于乙右肩后侧。

(4)甲右肘压乙胸部,左手下採,两脚站立,两手同时发力,使乙跌出。(图6—33)

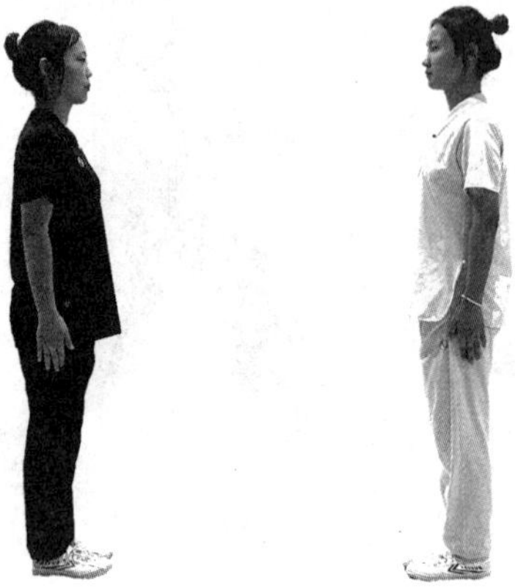

①

②

③

④

⑤

图 6—33

十二、进步采按

(1)预备势，甲乙相对站立，搭手成双掤势。

(2)甲左手从乙右臂下侧绕至内侧，接乙右手腕，右臂外旋前伸至乙右腋下，掌心贴乙大臂根部，屈指，目视对方。

(3)甲左手向外、向下挂採乙手至右胯前，右脚向回撤步，同时右手回採。

(4)甲右脚向右前方上步，同时右手向右前方採，随之左手向前推按。(图6—34)

①

②

③

④

⑤

图 6—34

十三、进步搂法

(1)预备势,甲乙相对站立,搭手成双掤势。

(2)甲左手从乙右手下侧绕至内侧向上、向后捋,右脚提起向前进步,右手向右前 45 度伸臂。

(3)甲身体重心前压,同时右手向右搂,使乙向前跌出。(图 6—35)

① ②

③ ④

图 6—35

思考题

1. 什么是太极推手?

2. 简述太极推手的起源与发展。

3. 简述太极推手的特点与价值。

4. 简述并正确做出太极推手的基本手型手法、步型步法。

第七章

器械类技法分析与套路组合

学习目标

通过对武术器械的学习，了解刀术、剑术、扇术的技法特点，掌握其器械的握法、刺击等基本技术，从而达到熟练应用与演练套路组合的目的。

学习任务

1. 掌握刀术、剑术和扇术的基本握法和基本技法。
2. 能够完整演练刀术、剑术和扇术的套路组合。

武术器械是中华武术的重要组成部分，通常是指在传统武术中使用的各种武器。这些武器不仅用于实战，也用于表演和训练。中国武术器械种类繁多，根据不同的使用方法、长度、重量等特性，可以分为很多种类。每种器械都有其独特的技法特点和套路，练习者需要掌握正确的握法、步法、身法以及器械的运用技巧。学习武术器械不仅仅是技术上的锻炼，更是对中国传统文化的一种传承。

第一节 刀术技法分析与套路组合

一、刀术概述

刀，由古代的生产工具演化为古兵器，再由古兵器演化为当今的武术器械。据考证，旧石器时代晚期已出现了石刀。原始人利用现成的锐利石片、蚌片、兽骨通过打磨等方法制成刀，并利用这些刀通过割、削、刮、砍、划、击等方法与禽兽搏斗，与其他部落争夺生存空间。[①] 因此，刀在当时既是生产工具，又是作为防御野兽袭击和杀敌护身的战斗武器。到了商周时期，青铜技术的发展使得金属刀成为可能，这一时期的刀主要是单刃直背的形状。春秋战国时期，步兵、骑兵在战争中兴起，刀在形制上首先要适应步兵、骑兵机动灵活的作战特点，就要具备格架防守、劈、刺、砍、斩的功能，这时刀已成为军事中的主要武器装备之一。此外，随着铁器的普及，铁制兵器逐渐取代了青铜兵器，刀的制作工艺也得到了极大的提升。东汉时期，铁刀制造日趋精良，长沙东汉墓中出土的铁刀长度超过 1 米。两晋南北朝时期，由于在冶炼方面出现用生铁和熟铁合炼而成的灌钢刀等，这种钢制的刀比铁制的刀更加锋利。隋、唐、五代时期，军中标准装备唯有刀制。唐代军中所用刀主要是横刀与陌刀，其中尤以横刀数量为最大。[②] 陌刀、长柄大刀是一类砍杀武器，由一面刃发展为两面刃，创制于隋而盛于唐。宋代，刀的形制有了进一步改进，从狭长的长条形方刀头，改成刀头前锐后斜的形状，并有护手，去掉了扁圆大环和鸟兽饰物，出现了近似现代的刀。[③] 至清代，刀的形制有了很大发展，种类繁杂。军队中有长柄刀、短柄刀。同时，在民间也流行着各种各样的刀，如鬼头刀、朴刀、少林刀等。

---

① 全国体育院校教材委员会. 中国武术教程(上册)[M]. 北京：人民体育出版社，2004：333.

② 刘洪波. 中国古代兵器的演变对武术技法特长的影响[D]. 河南师范大学，2008.

③ 杨波，高伟. 北宋时期中国冷兵器发展的特点[J]. 体育科技文献通报，2006(10)：56－57，60.

尽管刀的种类很多，但在构造上大体都有刀尖、刀刃、刀背、刀柄和刀盘五个部分。在现代武术运动中，刀术成为重要的比赛项目之一，不仅保留了传统刀法的精髓，还融入了现代体育竞技的特点。一般将刀术套路分为单刀类、双刀类、盾牌刀、单刀拐、单刀加鞭等套路。此外，还有空手夺刀、单刀进枪、双刀进双枪等对练套路。武术的各种流派基本上都有各自的刀术，其风格、特点也都随着拳种、流派的不同而异，但刀术的技法一般是一致的。刀术中主要有缠头裹脑、劈、砍、斩、抹、挂、撩、刺、扫等刀法。

二、刀术技法特点

武术流派中，刀术套路的风格、特点各有所长，虽殊途万变，但在技法特点上基本同归一致，可概括为以下几点：

（一）尖刃背把，刀法分明

刀术的攻防主要体现在刀尖、刀刃、刀背以及支配刀动的把法上。刀尖锐利，主于扎；刀刃薄利，主于劈、砍、斩、撩；刀背后钝，主于缠头裹脑贴身近卫；把法循“换把变招，固把击发”的原理运用。例如，扎刀刀刃朝下、朝上或朝左，刀尖向前直刺为扎，力达刀尖；劈刀，刀由上向下为劈，力达刀刃前部。刀的运动路线和着力点不同，其技法也不同。

（二）刀若猛虎，动势尚猛

刀的形制是刀背厚钝、刀刃薄利。所以，以劈、砍为主的刀法和快、疾、猛、狠的动势成为刀术的一大技法特点。拳谚有“短兵利在速进”之说。“刀不离身左右前后，手足肩臂与刀俱转，舒之可刃人于数步之外，敛之可转舞于座间。”因刀快步疾、缠裹绕身、倏忽纵横，所以，以猛虎之性比喻刀术的技法特点，以虎之凶猛比喻刀术的运动特点。

(三)刀法快捷,诡秘莫测

刀法有虚有实、有刚有柔、有奇有正,变幻莫测。人们在实践中总结出的经验有“刀走黑”之说,旨在阐明刀法的诡秘性。“其用法,左右跳跃,奇诈诡秘,人莫能测,故长技每每常败于刀”,说明刀术不仅尚猛,而且刀法快捷、奇诈诡秘、变幻莫测也是其技法特点之一。

(四)以腰助力,步疾刀猛

以劈、砍、斩、削、扫等为主要内容的刀法,在其用法上多以腰助力,加大攻击力度,身法活便,以腰助力而发挥其猛狠的动势。同时,以身法的闪展腾挪、俯仰扭转加大动势的幅度。所以,拳谚有“其用法,唯以身法为要”之说。单刀属短兵,欲发挥短兵长用的作用,不仅要求身法的灵活快捷,而且步法的前后、左右移动迅疾也是关键。“短兵进退须足利,足如脱兔身如风。”所以,敏捷快速的移动步法是达到“舒之可刃人于数步之外”的基本要求。

三、基本动作及方法

(一)刀的各部位名称

刀的各部位名称见图 7—1。

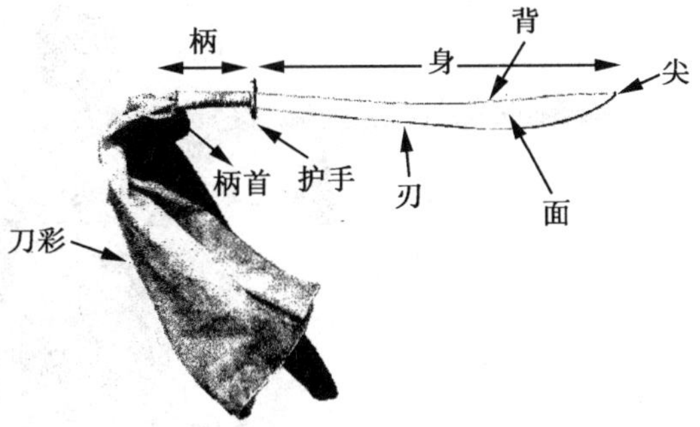

图 7—1

1. 刀身

护手(刀盘)至刀尖部分。

2. 刀尖

刀身梢端。

3. 刀刃

刀身锐利的一侧。

4. 刀背

刀身钝厚的一侧,也称刀脊。

5. 护手(刀盘)

装于刀身和刀柄间的铁盘,也称刀盘。

6. 刀柄

手握的部位,也称刀把。

7. 柄首

刀柄底端突起部分。

(二)握刀、抱刀与抱刀礼

1. 握刀

以虎口包绕刀把,并靠近护手盘,四指自然弯曲,拇指第一指节压在食指第二指节侧(见图 7—2)。

图 7—2

2. 抱刀

左手屈腕，食指与中指夹住刀柄，拇指压在护手盘上。刀背贴于左臂内侧，刀尖朝上，刀刃朝前(见图 7—3)。

图 7—3

3. 抱刀礼

同第二章的抱刀礼(见图 7—4)。

图 7—4

(三)基本刀法

1. 劈刀

刀由上向下为劈,力从腰发,达于刀刃(见图 7—5①②)。

①　　②

图 7—5

2. 砍刀

刀由上向左下方或右下方斜劈为砍,以腰助力,力达刀刃(见图 7—6①②)。

①　　②

图 7—6

3. 挂刀

刀尖由前向下、向左为挂，力达刀背前端。挂刀有上挂、下挂和抡挂之分。上挂，向上、向后贴身挂出；下挂，向下、向后贴身挂出；抡挂，贴身立圆挂一圈(见图7—7①②)。

① ②

图7—7

4. 斩刀

刀刃平行向左或向右横击为斩，以腰拧转助力，力达刀刃(见图7—8①②)。

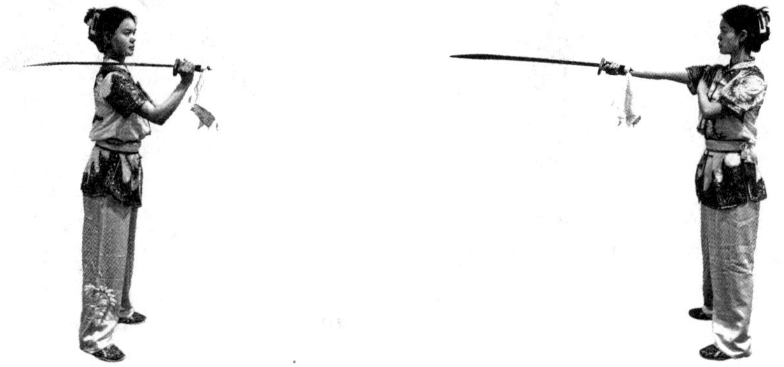

① ②

图7—8

5. 截刀

刀刃斜向下或斜向上为截，力达刀刃前端(见图 7—9①②)。

①　　②

图 7—9

6. 点刀

提腕，刀尖猛向前下点，力达刀尖(见图 7—10①②)。

①　　②

图 7—10

7. 崩刀

沉腕，刀尖猛向前上崩，力达刀尖（见图 7—11①②）。

①　　　　②

图 7—11

8. 扎刀

刀刃朝下，刀尖向前直刺为扎，力达刀尖，臂与刀呈一直线。平扎刀，刀尖高与肩平；上扎刀，刀尖高与头平；下扎刀，刀尖高与膝平（见图 7—12①②）。

①　　　　②

图 7—12

9. 缠头刀

刀尖下垂,刀背沿左肩贴背绕过右肩,头部正直(见图 7—13①②③)。

①　　②　　③

图 7—13

10. 裹脑刀

刀尖下垂,刀背沿右肩贴背绕过左肩,头部正直(见图 7—14①②③)。

①　　②　　③

图 7—14

四、套路组合

(一)组合一:提膝接刀、弓步下扎刀、歇步藏刀、提膝劈刀

视频

刀术组合一

1. 提膝接刀

左腿屈膝上提成独立步,左手抱刀屈收至肩,右手屈臂抓握刀把准备接刀,同时头向左转,目视前下方(见图7—15)。

【动作要点】提膝至腰部,接刀迅速准确。

图7—15

2. 弓步下扎刀

左脚向左前方落步,右腿蹬直成左弓步,同时上体向左拧转,右手持刀向右前下方扎出,左掌顺势摆伸于左后上方,掌心朝斜前,指尖向后,目视刀尖(见图7—16)。

【动作要点】扎刀与落步同时完成,并做到拧腰顺肩,力达刀尖。

图 7—16

3. 歇步藏刀

左掌屈臂收至右胸前，同时右手持刀经左臂外侧绕摆至背后，刀尖向下，刀刃向外；右手持刀经后背由右向左横扫至左腋下，刀尖向后，左掌随之摆架于头部左上方，同时上体微右转，右脚随即向前上步屈膝，脚尖微外撇，目视前方（见图 7—17①②）。

【动作要点】右手藏刀，刀背向内，刀刃向外。

①　②

图 7—17

4. 提膝劈刀

以右脚掌为轴碾地，身体向右后翻转 180°，右手持刀顺势弧形上举，左腿屈膝上提成独立步，刀由上向右下方劈出，刀尖上翘，与头平，左掌随即摆架于头部左侧上方，掌心朝前上，指尖向右，目视右侧方（见图 7—18）。

【动作要点】转身连贯、圆活、快速，劈刀力达刀刃。

图 7—18

视频

刀术组合二

（二）组合二：弓步缠头、仆步截刀、裹脑虚步推掌、弓步扎刀

1. 弓步缠头

马步接刀，右腿蹬直成弓步，同时上体向左转，右手持刀经左臂外侧缠绕至背后，刀尖向下，左掌随之向上撑掌，目视前方（见图 7—19①②）。

【动作要点】缠头时刀背要贴后背。

①　　②

图 7—19

2. 仆步截刀

上体向右后方拧转，右手持刀向右下横截，左掌随之向左侧上方插出，头向右转，目视刀刃（见图 7－20）。

【动作要点】拧转迅速，截刀有力。

图 7－20

3. 裹脑虚步推掌

右脚经左脚后撤一步，同时上体向右转，持刀向右抡扫并贴背绕至左肩上，左掌随之屈臂至右胸前；身体重心后移，右腿屈膝达水平，左腿屈膝脚尖向前点地成虚步；同时上体向右拧转，右手持刀后拉至右侧下方，刀尖略低于膝，左掌随之经刀背上向前旋臂立掌推出，目视前方（见图 7－21①②）。

【动作要点】裹脑扫刀要有力，屈膝推掌要舒展、稳定。

①　②

图 7－21

4. 弓步扎刀

右脚经左脚向前上步，同时持刀经腰部向前扎出，左掌随之屈臂至右胸前，刀尖与肩同高，目视前方(见图 7—22)。

【动作要点】扎刀迅速，力达刀尖。

图 7—22

第二节　剑术技法分析与套路组合

一、剑术概述

剑，是由古代兵器演化而来的常用武术器械。剑双面开刃，顶端尖锐，能劈、刺、斩、截。剑体轻便，可随身佩带，是一种卫体武器。在古史传说中，有“蚩尤受而制之以为剑”的记述。①

在新石器时代晚期，人类开始尝试制作简单的武器来保护自己和猎取食物。最初的剑形武器可能是由骨头或石头制成的，它们通常较为粗糙，形状也不规则。随着人类文明的进步，这些早期的工具逐渐演变成更为精细的武器。进入青铜时代后，剑的制作技术得到了显著提升。在商代和周代，人们开始用

---

① 全国体育院校教材委员会. 中国武术教程(上册)[M]. 北京：人民体育出版社，2004：316.

青铜制造剑。这些早期的青铜剑虽然长度较短，但已经具备了较为明确的剑身和剑柄结构。剑身通常采用单刃设计，剑柄则多为直柄，有时会配备简单的护手装置。到了春秋战国时期，随着冶铁技术的引入和发展，铁剑开始逐渐取代青铜剑成为主流。铁剑的出现标志着剑术发展的一个重要转折点。相比青铜，铁不仅更容易获得，而且在硬度和韧性上都有所提高，使剑可以做得更长且更耐用。春秋战国时期的铁剑通常比早期的青铜剑更长，剑身也更加灵活，这为剑术的发展提供了物质基础。春秋时期，在吴、越等地，由于山丘多、森林茂盛，战车难以驰骋，军队以步战为主，轻便锋利适于近战的剑，则成为军队的主要武器装备。战争促进了吴、越剑技、剑论和剑的形制的发展。如湖北江陵望山一号楚墓中出土的越王勾践剑，此外，这一时期还出现了许多关于剑术的文献记载，例如《庄子》中提到的"剑道"，反映了当时人们对剑术的重视和研究。秦汉至魏晋南北朝，这一时期是剑术发展的重要阶段。秦朝统一六国后，剑作为军队中的主要装备之一，其制作工艺得到了进一步改进。汉代时期，随着军事技术的发展，剑的种类和用途变得更加多样化。例如，汉代的剑除了用于战场外，还被广泛应用于礼仪活动中，成为身份和地位的象征。同时，剑术也开始从实战技巧向艺术化方向转变，剑舞作为一种表演形式逐渐流行起来。隋唐时期是剑术发展的一个高峰期。唐代剑术尤为发达，出现了许多著名的剑客和剑法。这一时期，剑不仅是武士的主要武器，也是文人雅士修身养性的工具。唐代诗人李白就以其豪放不羁的性格和高超的剑术著称。宋代以后，随着火器的出现，剑在战场上的作用逐渐减弱，但在民间依然受到高度重视。宋元时期，剑术进一步分化，形成了多个不同的流派和技术体系。明清至近代，剑术发展迅猛，各种剑术套路层出不穷，剑术和善剑的名人辈出，不仅有皇家御用的各式宝剑，而且各种武术流派也创造了不少不同风格特点的剑术。剑术套路繁若星辰，如太极剑、武当剑、少林达摩剑、少林十三剑、七星剑等，使剑术演练成为套路运动体系中优美潇洒、颇具魅力的项目之一。

新中国成立后，剑术被列为武术竞赛项目之一。现代武术用剑的剑身变薄，不开刃。剑术中的主要剑法有刺、点、劈、崩、撩、挂、抹、穿、截、斩、云、绞等，运动形式上有站剑、行剑、长穗剑、短穗剑及单剑、双剑。剑术的运动特点是轻快洒脱、身法矫捷、刚柔相兼、富有韵律。

二、剑术技法特点

剑术的技法特点是由剑的形制特征所决定的。在漫长的历史进程中，其形随时迁而变化，同时剑法技术也不断得到提高和发展，为了传承延续而模拟诸剑法构建了五花八门、丰富多样的剑术套路运动。尽管各门各派的剑术都有各自沿袭相传的技法内容，但一般技法特点可归纳如下：

（一）身活腕灵

各种剑法的轻快、准确及剑法的衔接变化，都与身姿手腕的劲力运使技巧相关联。身姿俯仰吞吐、手腕灵活，能使身剑如一；手指、手掌虚实灵巧变化，手腕的扣、旋、展、转、收握，能使身法、劲力协调地融入轻快、准确的剑法中。

（二）刚柔兼备

剑术劲力法则有柔有刚，具体表现在剑术运动及剑法的运使过程中，柔中有刚、刚中有柔，刚柔互渗运用。

（三）气韵洒脱

气韵，指剑术运动中的节奏和气度。而剑的节奏，指剑法的刚柔、张弛、轻重、伸缩、起落，以及移步换形、招式迭逞等。剑术气度，指剑术动作的起承转折、动静、疾缓等节奏变化的韵律感，受剑法、剑势、手眼身法步、精神气力功的制约与引动。练剑时，要做到“单手独运捷于电”、“手眼清快身脚轻”，使剑与手、眼、身、步通体轻快敏捷，同时还要做到内外贯通、身械和谐、气度宏大、洒脱自如。

（四）轻快敏捷

剑器轻清两面刃，锋芒于尖。所以，剑具有倏忽纵横、以短乘长的技击特点。剑术只有在轻快的行步、潇洒的腾跃中表现敏捷出击、纵横劈刺、锐利攻势、闪展避让，才能体现出“剑器轻清”的特点。剑法演练时不能触身，要敏捷、轻巧、准确，力点多在剑尖或剑前端。

三、基本动作及方法

（一）剑的各部位名称

剑的各部位名称见图 7—23。

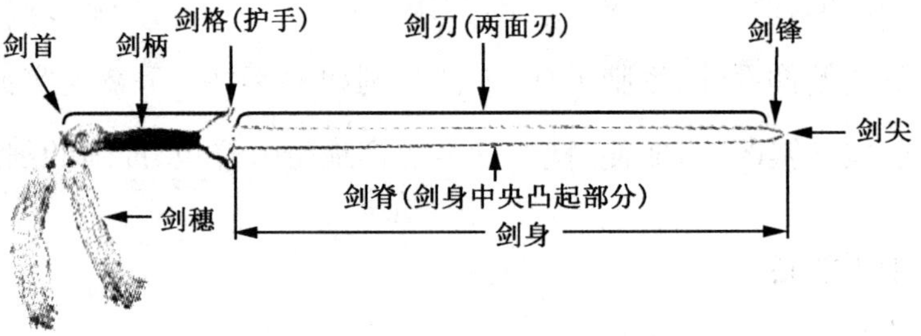

图 7—23

1. 剑身

剑有刃的部分。

2. 剑尖

剑身梢端尖锐之点。

3. 剑锋

剑身梢端与剑尖相连的菱形刃。

4. 剑脊

剑身中央凸起部分。

5. 剑刃

剑身锐利的两侧。

6. 剑格（护手）

剑身与握柄间的突出部分，也称护手或剑盘。

7. 剑柄

手握部分，也称剑茎或剑把。

8. 剑首

剑柄底端突出部分。

9. 剑穗

系于剑首后的装饰品。

（二）握剑、持剑与持剑礼

1. 握剑

虎口贴紧剑格，拇指与其余四指相对握拢剑柄。正握剑：立剑（剑刃朝上下为立剑），小指侧向下（见图7—24）。反握剑：立剑，小指侧向上（见图7—25）。

图 7—24

图 7—25

2. 持剑

手心紧贴护手，食指附于剑柄，拇指和其余手指分别紧扣于护手两侧，剑脊轻贴前臂后侧（见图7—26）。

图 7—26

3. 持剑礼

同第二章的持剑礼(见图 7—27)。

图 7—27

(三)基本剑法

1. 刺剑

立剑,向前直出为刺,力达剑尖(见图 7—28①②)。

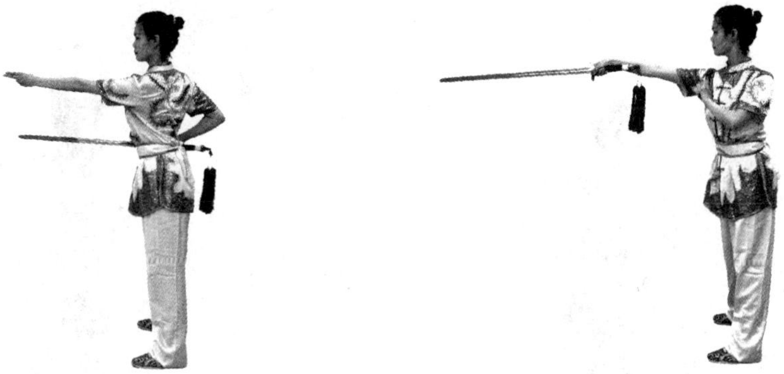

① ②

图 7—28

2. 劈剑

立剑，由上向下为劈，力达剑身。劈有里劈和外劈，劈的目标是攻击对方头部或肩（见图 7—29①②）。

① ②

图 7—29

3. 撩剑

立剑，由下向前上方为撩，力达剑身前部。撩有里撩和外撩，撩的目标是利用剑刃撩割对方的腕部（见图 7—30①②）。

①　　②

图 7—30

4. 挂剑

立剑，手臂内旋，使剑尖由前向下、向后或向上、向后为挂，力达剑身前部。挂是防守对方用剑刺喉或面部的剑法。挂有左挂和右挂(见图 7—31①②)。

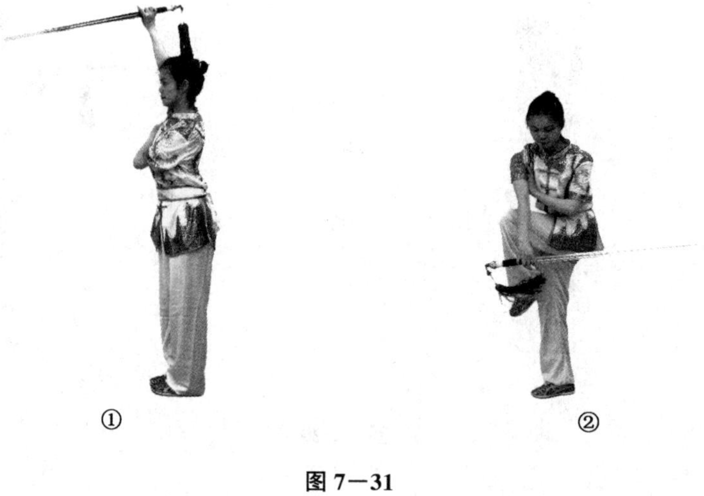

①　　②

图 7—31

5. 云剑

举剑过顶(剑刃朝上横拉，称为“云”，因其如天空浮云之状而得名)，用剑下刃从对方右臂的下方向上云割对方持剑的手腕(见图 7—32①②)。

①　　②

图 7—32

6. 抹剑

平剑,用剑身中部由前向左(右)弧形抽回为抹,与肩同高,力达剑身。旋转抹剑要求旋转一周或一周以上(见图 7—33①②)。

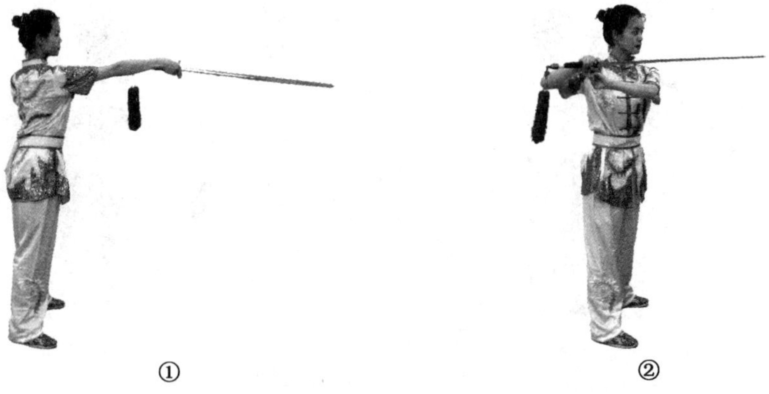

①　　②

图 7—33

7. 点剑

立剑,提腕,使剑尖猛向前下为点,力达剑锋。目标是点击对方的头部或腕部(见图 7—34①②)。

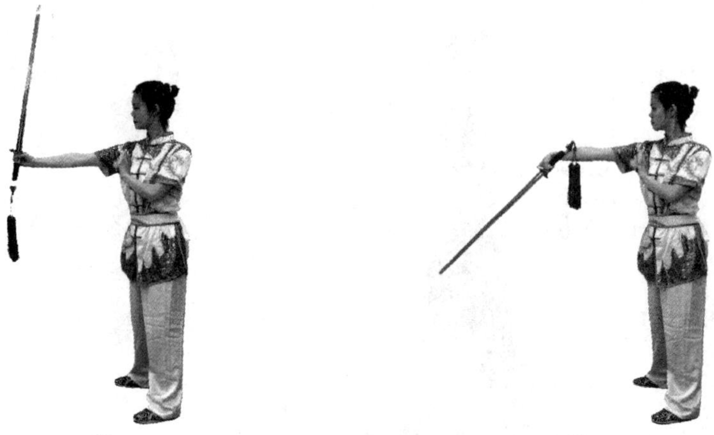

①　　　　②

图 7—34

8. 崩剑

立剑，沉腕，使剑尖猛向前上为崩，力达剑身前端和剑尖。主要用剑身前端崩开袭来之剑或用剑尖崩击对方的腕部（见图 7—35①②）。

①　　　　②

图 7—35

9. 截剑

剑身斜向上或斜向下为截，力达剑身前部。上截剑斜向上，下截剑斜向下，后截剑斜向右后下方。主要使用剑下刃截击对方持剑攻击的手臂（见图 7—36①②）。

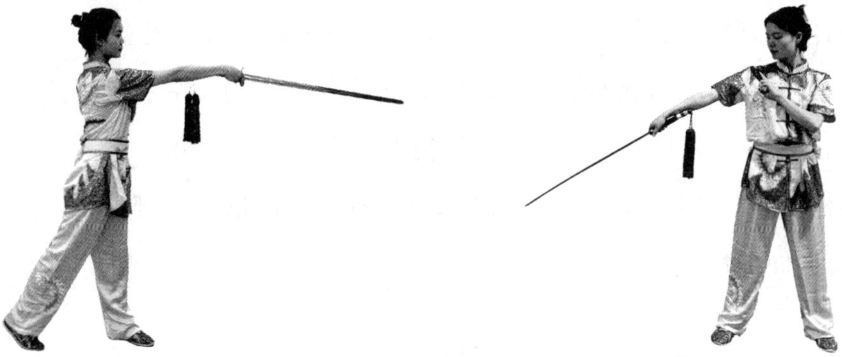

①　　　　　　②

图 7—36

10. 斩剑

平剑，向右(左)横出为斩，力达剑身。主要使用剑下刃平斩对方，目标是攻击对方的颈部或腰部(见图 7—37①②)。

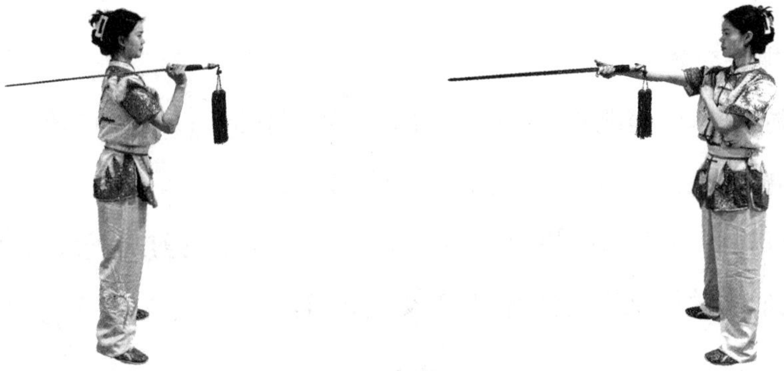

①　　　　　　②

图 7—37

四、套路组合

视频

剑术组合一

(一)组合一：弓步前指、提膝交剑、弓步下刺剑、插步平斩

1. 弓步前指

转身绕臂，右剑指屈臂收于腰间，左脚向左侧方上步，身体向左后转，左手持剑经右向上、向前划弧下落，平视前方；左腿屈膝，右腿蹬直成左弓步，右剑指由腰间向上划弧经右耳侧向前指出，高与肩平，手心向下，左手持剑落于左胯旁，臂微屈，剑立于左臂后，剑尖向上，目视右剑指(见图 7—38)。

【动作要点】左手持剑抡转要以肩为轴，右剑指前指须经腰间再由后弧形上举至耳旁向前指出。

图 7—38

2. 提膝交剑

左腿提膝，脚面绷直，左手掌心向外，剑尖斜向下；右剑指随之屈臂内收变掌，手心向内抓握剑柄，目视前下方(见图 7—39)。

【动作要点】左腿提膝时，左手持剑屈臂内收至胸前，立刃，剑身紧贴前臂。右手接剑时，虎口要靠近剑格，两手交接要自然。

图 7—39

3. 弓步下刺剑

左脚向左侧前方上步，右腿蹬直成左弓步，同时上体向左拧转，右手持剑向右前下方立剑刺出，左剑指经下摆至头部后上方，掌心向外，指尖向后，目视剑尖（见图 7—40）。

【动作要点】刺剑与弓步同时完成，力达剑尖，且两臂与剑呈一斜直线。

图 7—40

4. 插步平斩

左脚经右脚内侧向后插步，左剑指随之附于右腕处，右手持剑屈臂向后平斩，手心向下，左剑指随之举于头部左上方，头向右转，目视剑尖（见图 7—41）。

【动作要点】平斩时，上体侧倾，力达剑刃，使动作协调连贯、舒展优美。

图 7—41

(二)组合二:弓步劈剑、提膝崩剑、仆步压剑、弓步点剑

1. 弓步劈剑

视频

剑术组合二

右脚上步屈膝前弓,后腿蹬直成右弓步,同时右手持剑由上向下劈至与肩同高,左剑指随即向后平伸,手心向前,目视剑尖(见图 7—42)。

【动作要点】弓步与下劈动作要同时完成,快速有力,力达剑尖。

图 7—42

2. 提膝崩剑

身体重心右移站起,左脚向前上步脚尖内扣,同时右手持剑内旋上摆,左剑指随之前摆附于右腕处;以左脚掌为轴,身体向右拧转,右膝上提成独立步,同时右手持剑外旋,经下向前立剑上崩,左剑指仍附于右腕处,目视剑尖(见图 7—43)。

【动作要点】崩剑要立剑沉腕,并与提膝协调一致。

图 7—43

3. 仆步压剑

随体左转，右腿下落伸直成右仆步，同时右手持剑下压至右髋前，平刃向下平压，左剑指随之附于右臂处，掌心向下，目视前方（见图 7—44）。

【动作要点】仆步与压剑要同时完成，剑身要与地面平行。

图 7—44

4. 弓步点剑

身体重心前移，右腿屈膝前弓，后腿蹬直成右弓步，同时右手持剑向下点出，左剑指随即向后平伸，手心向前，指尖向后，目视剑尖（见图 7—45）。

【动作要点】弓步与点剑动作要同时完成，两臂伸平，快速有力，力达剑尖。

图 7—45

第三节　功夫扇技法分析与套路组合

一、功夫扇概述

中国扇文化历史悠久，中国的古扇都是单柄，扇面呈圆形或椭圆形，称为团扇，宋代开始出现折叠扇。随着历史的发展、文化的进步，扇子的功能不断扩大，以至出现东方文明中特有的文化现象——扇文化。所谓扇文化，是指扇器与其他相关文化结合而产生的一种特有的文化。在各种扇文化中，武术扇文化又独树一帜。

功夫扇的起源可以追溯到中国古代。尽管确切的起源年代难以考证，但根据现有资料推测，功夫扇最早可能出现在汉代。那时的扇子多为竹制或纸制，形状各异，但尚未被明确地作为一种武术器械使用。到了明清时期，随着武术文化的发展，扇子被赋予了更多的武术元素，逐渐演变成一种既具有观赏性又具备实用性的武术器械。这一时期，一些武术家开始尝试将扇子融入自己的武术套路之中，通过巧妙的设计和练习，使扇子成为一种既能攻又能守的独特武器。明清至民国这一时期，功夫扇开始逐步发展成为一个独立的武术门类。许多武术大师开始注重功夫扇的技术传授，通过口传心授的方式将其传承给弟子。随着时间的推移，不同的地区和流派形成了自己独特的风格和技术特点。例如，北方的功夫扇强调力量与速度的结合，动作刚猛有力；南方的功夫扇则更注重技巧和灵活性，动作轻盈流畅。此外，一些著名的武术家还创作了自己的功夫扇套路，为后世留下了宝贵的遗产。

新中国成立后，政府高度重视传统文化的保护和发展，对包括功夫扇在内的传统武术进行了系统化的整理和规范。这一时期，许多传统的武术套路被记录下来，一些优秀的武术家被邀请到各地进行表演和教学活动，极大地推动了功夫扇的普及和发展。同时，随着社会的进步和生活水平的提高，越来越多的人开始关注健康和养生，这为功夫扇的推广提供了良好的土壤。例如，上海中医药大学为顺应上海市阳光体育开展的要求，于2009年创编《功夫扇》，整套动作舒展大方、刚柔并济、富有朝气，融合太极拳、长拳、木兰拳等动作，具有较强的观赏性、健身性和艺术性。这不仅推动了高校学生阳光体育运动的开展，也有力推动了武术进校园活动，营造了良好的校园武术氛围，对提高学生的体质健康水平及传承传统体育文化产生了较大的促进作用。此外，随着信息技术的发展和全球化的推进，国际文化交流活动日益频繁，中国武术逐渐成为全世界人民了解中国文化的一个窗口。在此背景下，功夫扇以其独特的魅力吸引了众多国外爱好者。同时，现代科技的应用也为功夫扇的发展带来了新的机遇。新型材料的使用使得扇子更加坚固耐用，同时也更加轻便灵活。此外，一些现代化的教学方法和训练手段也被引入功夫扇的训练中，使得学习过程更加科学高效。

二、功夫扇技法特点

（一）开合随意，造型纷呈

在武术各种器械中，由于质地、轻重、长短、造型的不同造就了不同的演练风格。比如，剑身修长轻灵，剑术就有轻快洒脱的风格；刀身宽短厚重，刀术就有凶猛持重的风格。功夫扇所用的扇器别具一格，扇形似蝶，开合随意：合则似短棒，击之如闪电，有力劈华山之势，出之如长风出谷，有势不可当之力；开则如蝶形，可以做出多姿多彩的进攻与防守的扇技，它有时如大鹏展翅，有时又如凤凰落坡。这些多姿多彩的扇术，给人一种美不胜收的感受。

（二）扇法丰富，变化多端

功夫扇在扇器开合的前提下，展示击、打、刺、崩、扫、截、切、穿、云、撩等扇技。合扇时，以技击的"点"为主要表现形式，如架扇、劈扇、击打扇等；开扇时，以技击的“面”为主要表现形式，将扇面防护在胸前，如开扇的扫扇、穿扇、云扇、下截扇等，技击面比较大。而剑和刀由于器械所限制，如刺剑、扎刀等动作就不如扇的进攻和防守范围大。

（三）鼓荡扇声，魅力无穷

武术器械中，像刀、剑、枪、棍、九节鞭之类，在演练过程中会发出轻重不同的声音，观赏者可以从中产生某种感受。而太极扇的扇声更有着独特的魅力。开扇时，由于攻防意识的驱使，也由于手腕和腰身的“抖”劲，会发出突发性的浑厚而有力的声音，这种声音可以造成一种特有的气势，既可以体现自我演练的动作气势，又可以增加舞扇之威，还可以起到震慑对手的作用。所以抖扇这一技术，既包括如何出手不凡、准确而有力，又包括扇声厚重聩耳、清脆利落。这种扇声的效果，在群体演练中表现得更加充分。几千人的太极扇表演，扇声产生了回响和共鸣，这种鼓荡声有很强的震撼力、威慑力和感染力。

（四）刚柔并济，完美统一

武术是力与美的结合体，又是刚柔之美的统一。功夫扇也是如此，柔是相对刚而言的，是指松、轻、韧、顺，其含义是外显和顺而气充于内；刚是相对柔而言的，是指阳、沉、内之意，其含义是气形诸外而沉着静重，精神内藏而不露。循此拳理，太极扇的演练需要柔到极致显刚劲，刚到极致转柔劲。由于扇器的特殊性，能使这种刚柔劲表现得反差强烈。

（五）全神贯注，气宇轩昂

传统医学认为，精、气、神是人体生命之本。武术讲究精、气、神，功夫扇演练非常讲究精、气、神，要求全神贯注、注意力集中。每一次开扇、合扇要求眼神的紧密配合。功夫扇的精、气、神应是多种元素的综合体现，浑厚有力的扇声、松膀抖腕的开合变化、舒展大方的扇势运行、鲜明的劲力节奏变化以及灵动有穿透力的眼神运转，能将扇术演练得气宇轩昂、形神兼备。

三、基本动作及方法

（一）扇器结构

扇的形状分为扇棒和扇叶。合扇时的形状称为扇棒，用它可以做出各种防守与进攻动作；打开时的形状称为扇叶，由合到开和开着的扇叶都可以做出扑朔迷离、变幻莫测的技击动作。扇器目前主要有两种规格：一种适合中等身材以下习练者使用，长度为 33 厘米；另外一种适合较高身材习练者使用，长度为 40 厘米。扇柄、扇茎多用竹子做成，扇面可用绸子，红色、黄色、绿色、蓝色、白色皆可。扇柄有两根，宽而厚；扇茎共十根，较薄。扇柄、扇茎轻重要适度，轻则虚浮，出扇无力；重则笨拙，运行开合不灵活。常用的扇器结构名称见图 7—46。

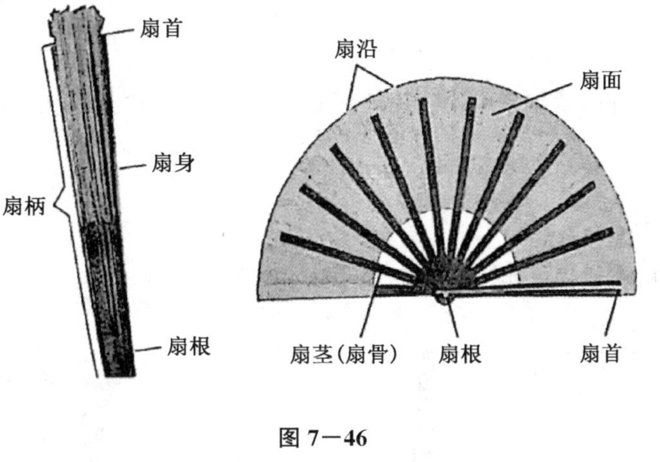

图 7—46

1. 扇首

扇器的上端为扇首，偶尔手握的位置。

2. 扇根

扇器的下端为扇根，手常握的位置。

3. 扇柄

手握持的部分，古称大骨，较扇茎宽而厚。扇柄下端称扇根，扇柄上首部分称扇首，扇柄中间部分称扇身。

4. 扇茎

古称小骨，扇柄之间的细枝，较扇柄轻而薄，有支撑扇面的作用。

5. 扇面

即扇的叶面。

6. 扇沿

扇面上端的弧形边沿。

（二）扇的基本握法

1. 正扇

拇指和食指扣紧扇根部位，其他三指自然屈握于食指下方，扇首向上（见图7—47）。

2. 倒握

拇指和食指扣紧扇首部位，其他三指自然屈握于食指下方，扇根朝上（见图7—48）。

3. 提握扇

手满把握住扇根一侧，虎口朝斜下方（见图7—49）。

图 7—47

图 7—48

图 7—49

4. 立开扇螺旋正握法

手握扇根，拇指一侧扣紧扇根，其余四指螺旋屈握扇根另一侧（见图 7—50）。

5. 平开扇螺旋握法

右手握扇，在体前由右向左突然抖腕开扇，力达扇沿，平开扇，将扇端平，手握扇根，拇指一侧扣紧扇根，其余四指螺旋屈握扇根另一侧（见图 7—51）。

6. 反平开扇螺旋握法

反平开扇，扇沿朝外，将扇摆平，手握扇根，拇指一侧朝下扣紧扇根，其余四指螺旋屈握扇根另一侧（见图 7—52）。

图 7—50

图 7—51

图 7—52

7. 换手接扇法

右手握扇，左手大拇指一侧朝前，掌心朝上，以虎口为力点接握扇（见图 7—53）。

图 7—53

8. 双手握扇法

两手各握扇柄一侧，四指在下，拇指朝上，掌心向上（见图 7—54）。

图 7—54

(三)基本扇法

1. 刺扇

扇沿朝斜前方,手握扇根,掌心朝上,拇指一侧扣紧扇根,其余四指屈握扇根另一侧,肘关节由屈至伸向前刺出(见图 7—55①②)。

① ②

图 7—55

2. 弹击扇

在开扇时以掌背为力点,以身体为助力,将力量传递到掌背,整个开扇是向前发力,而不是朝身体方向回力(见图 7—56①②)。

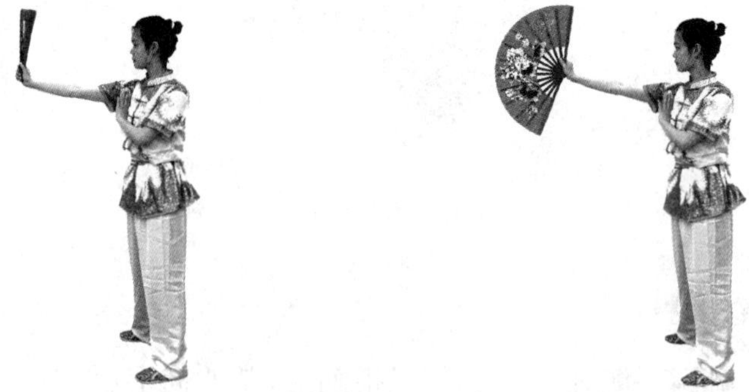

① ②

图 7—56

3. 云扇

右手握扇，经头上方划圆，翻腕旋臂(见图 7－57①②)。

①　　②

图 7－57

4. 挂扇

右手握扇根，虎口朝下，扣腕，一般在身体的左右侧走立圆(见图 7－58①②)。

①　　②

图 7－58

5. 撩扇

右手握扇根，小臂外旋，以小指一侧为力点，由下向上撩击，或在身体左右侧撩扇走立圆（见图 7—59①②）。

①　　②

图 7—59

6. 上击扇

右手握扇根，技击时以扇首为力点，一般技击部位是在对方的头部（见图 7—60）。

图 7—60

7. 下击扇

右手握扇根，技击时以扇首为力点，一般技击部位是在对方的膝关节处（见图 7—61）。

图 7—61

8. 合扇抛接

手握扇首，将扇抛起在空中翻转一圈，扇首朝前，落下时右手接握扇根（见图 7—62①②）。

①　②

图 7—62

9. 开扇抛接

开扇抛起，将扇在空中旋转一圈，落下时由右手接握扇柄下端（见图 7—63①②）。

① ②

图 7—63

四、套路组合

（一）组合一：虚步撩扇、震脚砸扇、独立抖扇、歇步带扇

1. 虚步撩扇

视频

功夫扇组合一

两腿屈蹲，重心右移，上体右转，右脚以脚跟为轴，脚尖外撇约 90 度。同时两臂微屈，左手外旋，右手握扇内旋，两手向右划弧平捋至身体右前方，高与肩平，手心向外。右脚向前上步，脚前掌着地成右虚步，同时右手握扇划弧前撩至右腹前，掌心斜向上，扇顶斜向前下，左手划弧内收，掌指合于右前臂上，手心向下，目视前方（见图 7—64①②）。

【动作要点】上身直立，虚步两脚间距 10～20 厘米。

①

②

图 7—64

2. 震脚砸扇

右手握扇屈臂上举至头前，拳心向内，扇顶向上；左掌外旋收于腹前，掌心向上。同时右腿屈膝上提，脚尖上翘。右手握扇下落，拳背砸击左掌心，手心向上，扇顶朝前。同时右脚向下震踏落地，重心落于两腿之间，两脚平行向前或两脚稍外展，两脚相距约同肩宽，目视前方（见图 7—65）。

【动作要点】砸扇要求抖弹发力，松快完整，刚柔相济。

图 7—65

3. 独立抖扇

重心右移，上体右转，右手握扇下垂至体侧；右腿微屈站稳，左腿屈膝上提，脚尖下垂。左掌随转体向下按，置于左腿外侧；右手握扇向上划弧抖腕开扇，手稍高于头，扇骨竖直，扇面向前，扇顶向左，目视前方（见图 7—66）。

【动作要点】抖扇发力松快完整。

图 7—66

4. 歇步带扇

左脚落地经右脚后方向右插步，两腿交叉盘坐成歇步，同时右手合扇右带至体侧，手心朝下，腕同胸高，手臂自然伸直。左掌向左上划弧，亮举至头侧上方，手心斜向上，目视右侧（见图 7—67）。

【动作要点】歇步时两腿交叉贴紧，左脚跟提起，臀部接近左脚跟。

图 7—67

（二）组合二：弓步开扇、插步崩扇、歇步云扇、弓步扎扇

视频

功夫扇组合二

1．弓步开扇

右脚向前上步，屈膝前弓成右弓步，右手握扇经体侧至体前时抖腕开扇，扇面与地面平行，高与肩平；左掌随之向上划弧举至头侧上方，手心向上，目视前方（见图 7—68）。

【动作要点】抖腕开扇时成平击扇。

图 7—68

2．插步崩扇

重心右移，左脚经右脚后方插步，右腿屈弓，左腿自然伸直成叉步，同时上体右转，右手握扇划弧至身体右侧，随之外旋抖腕开扇上崩，扇沿向上，扇骨贴于右臂；左掌向左、向上划弧亮掌举于头侧上方，手心斜向上，向右转头，目视右扇（见图 7—69①②）。

【动作要点】定势时右臂伸直，抖腕开扇。

①　　②

图 7—69

3. 歇步云扇

右脚向左脚左后方插步，两腿屈蹲成歇步，同时右手在头顶云扇下落抱于胸前，左掌合于扇根内侧，目视前方（见图 7—70①②）。

【动作要点】抱扇时扇横立于胸前，扇背面朝前。

①　　②

图 7—70

4. 弓步扎扇

身体右转，右腿前移屈膝成右弓步，右手握扇向前扎出，高与胸平，左掌位于右胸口，目视前方（见图 7—71）。

【动作要点】扎扇要平，扇顶不可下垂。

图 7—71

思考题

1. 试述剑的基本握法。

2. 试述抱刀礼。

3. 试述扇器结构。

4. 试述功夫扇的技法特点。

第八章

高校武术教学

学习目标

通过本章学习，了解高校武术教学的基本方法，明晰武术教学的步骤和要求，探索高校武术教学的创新，挖掘高校武术课程的思政元素，正确认识武术课程的育人价值。

学习任务

1. 熟悉武术教学的基本方法，并掌握武术教学方法的实际应用与技巧。

2. 了解武术教学的一般步骤和教学要求，能够有效组织和开展武术教学活动。

3. 正确认识武术课程的育人价值，能够在运动实践中将运动技能与武德养成有机结合。

4. 加强武术教学创新，促进武术教学效果和质量的提升。

武术，作为中华民族优秀传统体育文化的代表，一直深受大学生的喜爱，是我国高校体育教学的重要内容，全国各高校几乎都开设了武术教学课程。高校武术教学具有多元教育价值，有助于塑造大学生坚毅、果敢的个性品质，促进大学生的生理、心理、社交能力健康发展，是开展大学生德育、智育、美育的重要教学载体。高校武术教学的深入开展，能切实促进大学生的健康成长和全面发展，实现高校体育“立德树人”的教育目标。同时，有助于促进大学生全面认识传统武术蕴含的民族文化特性，推动中华优秀传统体育文化在高校大学生群体中的传播，激发大学生树立传承中华优秀传统文化的意识和理想。

第一节　武术教学法

教学方法是完成教学任务的手段与途径，科学地运用教学方法对于充分调动学生的积极性、完成教学任务和提高教学效果有着重要的意义。武术教学要根据武术教材的特点、学生的实际水平、教学设施条件等具体情况，正确选择并灵活运用各种教学方法。武术教学方法种类多样，常见的教学法归纳起来大致可以分为语言指导法和直观教学法两类。

一、语言指导法

正确地运用语言进行讲解、提示和启发，能使学生明确任务，端正学习态度，启发学生积极思考。因此，语言指导法对于正确理解动作、加速掌握技术要领、培养学生分析问题与解决问题的能力，以及完成教学任务具有十分重要的意义。

（一）讲解法

讲解是语言指导法中最主要的一种形式。讲解要目的明确、重点突出，讲解的语言要精简准确、富有启发性。讲解法一般有形象化讲解、口诀化讲解、单字化讲解、术语化讲解等。讲解要依据学生的学习程度采取精讲或泛讲，并注意讲解的时机与效果。武术技术教学中，讲解的基本内容有以下几个方面：

1. 动作的规格与要求

武术动作的规格与要求，是武术技术规范化的关键。通过讲解使学生进一步明确动作的标准，提高完成技术动作的质量。

2.动作的基本技法

通过讲解武术练习中带有规律性的技巧和方法，有助于学生理解武术的技术要领与共性规律，从而更快、更好地掌握运动技术。

3.动作的易犯错误

通过讲解动作易犯的错误，可以引起学生重视和反思，防止练习中再次发生此类错误。

4.动作的关键环节

从技术层面而言，动作的关键环节是决定能否尽快学会与正确掌握该动作的主要因素。因此，抓住关键环节进行讲解，能帮助学生较快地掌握动作。

5.动作的攻防含义

攻防含义是武术的主要特征，正确地讲解动作的攻防含义，有助于学生准确地理解、掌握动作要领和使用方法，使动作展示更逼真。

（二）口令和指示法

口令和指示具有简洁性和高度概括性，是组织学生、指挥学生的重要手段。在武术教学中，口令和指示可以引导学生较快地掌握动作，便于统一学生的行动。一般是在学生已经基本掌握了动作技术的方向和路线之后，教师用口令和指示组织、指挥学生集体练习。

常规口令和指示是以一动一个呼号来指挥，一般适用于基本功和基本动作练习。例如，五步拳的练习通常以下肢动作的移动为依据采用一动一个呼号的口令来指挥。当有些结构复杂的动作需要分解成两个或两个以上动作并连贯练习时，则需要在原有一拍一动的基础上增加中间口令和指示，这些口令和指示既可以是提示性口令，也可以是单字口令。对于攻防因素较多的动作，可采取突出攻防特点的一个或两个字作为口令或提示来进行教学指挥。

运用口令和指示进行教学，要注意用词准确、简洁，发音清晰、洪亮有力，要注意提示时机，合理把握口令和指示的节奏。一般来说，武术运动中发力动作的口令要短促、洪亮，过渡动作的口令要柔和，用快慢相间的节拍呼令，以帮助学生培养动作节奏感。

（三）口头评价法

教师在武术教学过程中，对学生在课堂上的行为表现和练习情况，以口头语言的方式及时、快速地给予学生最直接的评价、提醒。口头评价具有及时反馈的优势，在教学实践运用中，应注意以正面积极性评价为主，否定评价应注意评价的语气，不能过分打击学生积极性，否定评价后应指明学生努力的方向和改进的办法。

二、直观教学法

（一）动作示范法

动作示范是直观教学法中最基本、最常用的一种方法。教师以具体动作为范例，使学生直观地了解动作形象、结构、要领，以及动作完成的顺序与方法。正确的示范，不仅可以使学生从感性认识来获得正确的动作全貌，而且可以提高学生学习的兴趣，激发学生学习的自觉性。

1. 动作示范的形式

（1）完整示范：能使学生了解动作全貌，形成完整的概念。完整示范法适用于首次出现的武术动作的教学、结构简单且难度不大的武术动作的教学，以及教学对象有一定武术基础的学生。

（2）分解示范：便于学生了解动作细节，更加准确地掌握动作。分解示范法适用于结构、方向和路线较为复杂繁难的武术动作的教学，含攻防因素较多的武术动作的教学，不易完成的跳跃、翻腾、滚翻等武术动作的教学，展示难度动作和复杂动作的节奏、风格等的教学。

(3)领做示范：这是示范教学的一种特殊形式，是教师实地做动作带领学生进行模仿练习，使学生初步掌握武术动作的结构、方向和路线。在学习新的武术动作时，教师在示范讲解之后，最主要的教法就是领做示范。

2. 动作示范的注意事项

(1)示范位置要合理。教师应根据学生的人数和队形来选择合理的示范位置，以尽量让全体学生都看得见为准则。一般包括三角形顶点示范(教师站在学生横队的等边三角形顶点)、中心示范(教师站在学生队伍的中间)、斜前方示范(教师站在学生学习套路前进方向的左或右前方)。示范时还要尽量避免学生面向阳光或迎风，要有利于学生的观察。

(2)示范速度要得当。教师应根据教学内容和示范目的来选择相应的示范速度。新授教材应采用常速示范；较难掌握的动作可进行慢速示范；表现某一武术动作特点和技术风格时可用快速示范。

(3)示范面要适宜。教学中常用的示范面有正面、背面、侧面和镜面四种。教师应结合武术教材特点和示范目的来选择适宜的示范面。一般情况下，单个动作可采用正面和侧面示范，组合或套路动作可采用背面示范，领做可采用镜面示范。

(4)示范动作要规范。教师的示范动作是学生的直接模仿对象，因此示范动作必须准确、熟练，能体现出武术特点。

(5)示范与讲解应有机结合。示范与讲解结合不仅可以使学生直观地模仿动作，而且可以通过听觉的语言刺激，让学生进一步明确动作要领，提高教学效果。因此，武术教学多采用边讲解边示范、先示范后讲解或者先讲解后示范的教学方法。对于新的教学内容或基础较差的学生，以示范为主；对于复习教学内容或基础较好的学生，则以讲解为主。

(二)多媒体教学法

多媒体教学是借助计算机等现代电子设备和技术，将武术动作内容通过图片、录像、电影、音视频等形态直观地展现出来的教学方法。多媒体教学能够实现教学内容展示的随机暂停和慢速播放，有助于学生建立正确的动作概念，掌握动作细节。特别是一些动作结构复杂、动作过程过快、动作在空中不能停留的武术教学内容，采用电影、录像等视频形式，通过慢放、定格、重放等操作方法，有助于学生更深入地了解动作要领，领会技术演练风格，提高教学效果。

（三）完整与分解教学法

武术组合和成套练习是由若干单个动作组成的，每个动作难易程度不一，所以武术教学常用完整与分解的教学方法。

1. 完整教学法

完整教学法是指从动作开始到结束，完整、连续地进行教学，中间不拆分动作和段落。完整教学法可以使学生了解整个动作的全貌，形成完整的概念。它的缺点是遇到比较复杂或难度大的动作时，学生不易正确地掌握动作细节，难以达到教学要求。因此，完整教学法主要适用于以下教学情况：

（1）动作结构简单、方向和路线变化较小的武术动作。

（2）动作结构虽然较复杂，但内部衔接密切不宜分解的武术动作。

（3）学生运动能力较强，具有一定武术基础，能够适应完整动作的学练。

2. 分解教学法

分解教学法是将完整的动作合理地分解成若干个部分，然后逐个环节进行教学的一种方法。其特点是突出重、难点分节施教，便于学生掌握动作细节和要领，从而更加准确地达到动作要求，提高教学效果。分解教学法主要适用于以下情形：

（1）结构、方向和路线较复杂繁难的动作。

（2）含攻防因素较多的动作。

（3）富于顿挫、节奏感变化较强的动作。

（4）不易完成的跳跃、翻腾、跌扑滚翻等动作。

分解教学法的缺点是不利于学生对动作整体的理解，因此，在教学中不宜将动作分解得过细，应尽快地过渡到完整动作，遵循“完整—分解—完整”的原则，把分解教学与完整教学有机结合起来。

（四）预防与纠正错误法

学生在学习和掌握武术动作的过程中会出现各种错误，预防与纠正错误是教师帮助学生掌握正确动作的重要手段。预防具有超前性，要预防学生动作出错，就需要教师在教学过程中加强对武术动作的深入分析和讲述，强化正确的武术动作概念。纠正则具有针对性，要求教师能及时、准确地发现错误，准确分析错误的原因，并给予指导和纠正。

1. 预防错误动作出现的措施

（1）明确动作规格，强化正确动作概念。教师在教学过程中应不断强化正确的武术动作概念，使学生明确动作规格和标准，促进学生形成正确的动作表象。可加强示范和讲解，对于结构性的动作要分析其内在规律，指出共性特征，使学生形成技能迁移的能力。

（2）剖析制约因素，分析易错症结。对于复杂的难度动作，学生因不了解其关键环节所在而难以掌握，从而易导致错误出现。教师在教学过程中应将具体动作的各种制约因素罗列出来，帮助学生剖析制约掌握动作的关键环节和易犯错误的症结所在，在适当条件下降低动作练习难度，可使学生提前规避、预防动作练习时可能出现的错误或多余动作。

2. 纠正错误动作的方法

（1）评价指导法。教师通过对学生的练习进行评价，从而指导学生改正错误和不足之处。例如，学生由于对正确的技术动作概念不清楚，或因遗忘动作而出现错误时，教师可采用讲解、提示动作名称或动作要领来启发、诱导学生完成正确动作。学生由于心理原因而产生错误动作时，教师应主动沟通做好思想工作，并采用一定的保护与帮助，让学生克服畏难情绪，逐步克服动作中的错误。

(2)静耗体验法。学生由于肌肉本体感觉差而不能控制动作导致出现错误时,教师可以强调动作规格,并采用武术站桩式的静耗体验,通过助力或阻力等方式,让学生体会肌肉用力的感觉,从而帮助学生建立正确的动力定型。

(3)对比分析法。由于学生不理解动作性质和作用而出现错误时,教师可根据动作的性质,讲解动作的攻防含义来诱导与启发,通过正误对比示范,使学生明确正误动作的不同之处,从而帮助学生纠正错误动作。由于学生接受能力和协调性差而出现错误时,教师应耐心地采用分解动作慢速示范、多领做等方法,让学生通过模仿正确动作进行纠正。

纠正错误的动作时,教师要善于抓住共性错误,组织学生集体会诊,启发学生分析错误的因果关系,以点带面地解决普遍存在的问题。

(五)练习法

练习法是指学生在老师的指导下亲身参与教学实践,以掌握和巩固武术动作技能的方法。拳谚曰:“拳打千遍,身法自现。”学生要熟练自如地掌握武术技术,必须经历反复练习,消除各种错误,才能达到。武术技术教学中,组织练习的形式一般有个人练习、分组练习、集体练习、实战练习。

1. 个人练习

个人练习是指学生在学习武术技能的过程中单独完成动作演练的练习形式。个人练习有利于消除学生对老师和同伴的依赖,在练习过程中积极地思考,独立进行动作记忆,使学生能独立认识武术动作内容及其方法技巧,掌握和巩固武术技术,并培养独立进行演练的能力。在进行基本功、基本动作和套路练习时,也可以采用单人轮流练习法,互相观摩、互相学习、取长补短。个人练习还有利于教师因人施教和纠正个别错误。

2. 分组练习

分组练习是指教师集中指导之后,将全班学生分成若干小组进行复习巩固的练习形式。分组练习一般安排在学生初步掌握教学内容之后。分组练习前，教师应提出具体要求和注意事项，由小组长或学生骨干带领本组学生进行练习，教师轮流指导，督促各组完成练习任务。分组练习可以节省时间，保证练习数量与质量，使学生互相观察，培养团结合作的团队精神。

3. 集体练习

集体练习是指在教师的统一组织下，指挥全体学生统一进行练习的一种形式。由于是集中指导、共同练习，因此可以节省教师讲解和示范的时间，便于统一动作要求，能够培养学生的集体主义精神。集体练习是武术教学中采用较多的传统教学方法，教师在教学过程中应及时指出和纠正学生练习中存在的共性错误。

4. 实战练习

实战练习是主要在散打、防身术等攻防对抗性项目教学中所采用的练习形式。一般可采用限制条件的实战、指定进攻方的实战、模拟实战等形式。实战练习能有效提高学生运用武术技战术的能力，增强学生学练动作技术的兴趣和积极性。在实战练习教学中，教师应加强武德教育和安全教育，重视安全防护措施，避免学生受伤。

（六）比赛法

比赛法是指教师根据教学任务、教学要求以及学生的实际情况，在教学的不同阶段组织学生进行各种形式的比赛，以达到巩固学生武术技能、提高教学质量的目的。一般可采用个人比赛、分组推选代表比赛、分组集体比赛等形式。比赛内容可分为武术基本功和基本动作比赛、组合或套路演练比赛、攻防搏击比赛等。教学比赛具有一定的竞争性，因此有利于调动学生学练武术的主动性和积极性。

第二节　高校武术教学的步骤与要求

高校武术教学内容主要包含两种运动形式:套路运动和攻防运动。武术套路以演练为主,攻防则以对抗为主。因此,武术教学中套路和攻防的教学步骤与要求存在一定差异。

一、武术套路教学的步骤与要求

(一)武术套路教学的步骤

武术套路是由十多个或数十个含有攻防技击用意的动作遵循一定的规则和程序编排串联在一起的成套练习。因此,初学者常常面临着动作数量多、方向路线变化多、每个动作包含的内外因素多等诸多困扰。要使学生学会动作的套路,就要通过一定的教学步骤让学生逐步掌握动作的完整性。在武术套路教学过程中,根据运动技能形成的规律,套路教学一般可分为以下五个步骤进行:

1. 掌握动作的方向路线

套路学习的第一步,是通过教师的正确示范和简略讲解,使学生弄清和掌握武术动作的方向、运行路线。对于动作姿势和功架可作一般要求,适当降低完成的规格,否则容易引起学生紧张和疲劳,分散学生对动作方向、路线的注意力,从而降低学习效率,影响教学任务的完成。教师的教学以示范为主,讲解要简练,要从不同位置、不同方向让学生看清动作的起止路线和方向,达到初步掌握动作的目的。

2. 准确完成动作姿势

套路学习的第二步,是使学生完成动作姿势,达到准确与工整。在学生掌握了动作的方向路线之后,教师通过准确的示范、领做,把前一步采用的慢速示范过渡到正常速度示范，并组织学生反复练习，不断纠正错误动作，强调动作的细节以及手型、步型、身型的准确与工整。姿势的工整不仅要求静止时身体架势、步型的准确与工整，同时还要求在运动过程中手眼身步动作运行变化的准确与工整。教师在教学过程中要不断强化正确的武术动作概念，帮助学生克服紧张、僵硬、不协调等反应，使正确的动作逐步成型。

3. 连贯完整地完成动作

套路学习的第三步，是使学生连贯完整地完成动作。此阶段要求教师应根据套路的节奏进行正确的示范、领做，示范的速度必须是正常速度，领做连贯而完整。通过教师的教学，使学生明确动作之间衔接的技巧与方法，把之前分解的动作连贯起来，组织学生反复练习，强调动作协调、完整统一、用力顺达。

4. 掌握武术动作的特点与风格

套路学习的第四步，是使学生掌握武术动作的特点与演练风格。教师要向学生分析动作的性质、劲力、风格、节奏，使学生领会武术动作的特点。通过讲解精神、意气与形体动作的结合，使学生了解武术形神兼备的要求，并在教师的指导下，逐步体会形体动作与心志意向相结合的演练技巧，以便进一步达到武术形神兼备的目的，突出所学项目的特点与技术风格。

5. 强化训练以巩固提高

套路学习的第五步，是通过强化训练，继续巩固与提高。这一步要求教师认真组织学生进行强化训练，将上述四个步骤所掌握的动作技术进行巩固和提高，使学生在纠正错误动作的同时巩固正确的动力定型。

（二）武术套路教学的要求

1. 重视基本动作和基本功的教学

基本动作是武术运动基础的技术构成要素，也是各种套路的共性技术成分。基本功则是完成基本动作所必备的专项素质。因此，重视武术基本动作和基本功的传授和练习，不仅能使学生身体各部位得到较全面的锻炼，还能较快地发展武术运动的专项身体素质，为掌握和提高组合和套路技术水平打下良好基础。武术基本动作和基本功的选择，可以根据套路教学的教材内容确定，围绕教材的重点选择相应的基本动作和基本功，遵循由易到难、从简单到复杂，慢慢系统深入。

2.注重技术动作的规范性

技术动作掌握的规范程度取决于两个方面：一个是教师技术教学的规范程度，另一个是学生感受到的真实程度。在武术教学中，当学生已经弄清动作的方向和路线后，教师应进一步强调动作的准确性，要求动作符合规格，做到势正招圆。教师可借助现代多媒体技术教学手段，弥补现场示范中无法展示的动作细节，力求传授规范的技术动作。同时，安排作业要求学生及时复习，及时提交视频作业，避免因动作泛化干扰对规范动作的记忆。

3.结合攻防动作讲解示范

武术套路动作虽然不能直接运用于实战搏斗，但是构成套路技术的大多数动作具有攻防技击的含义。因此，武术套路教学中，教师应结合动作的攻防性质讲解示范，使学生明确动作的技击意义，加深对动作的理解，提高学习武术套路的兴趣。教师可适当介绍散打、防身术技术，通过“拆招”、“喂招”的形式解析套路动作的攻防含义，使学生亲身感受攻防作用，加深动作知觉，从而更快、更好地掌握套路技术。

4.突出基本技法教学，提高演练技巧

武术技法是指武术练习的技术要求与带有规律性的技巧方法。了解套路技术中带有规律性的技巧方法，会有效地促进对技术动作的规范掌握，而且还可以达到触类旁通的效果。套路运动对姿势、方法、身法、眼法、精神、劲力、呼吸、节奏等方面都有比较全面的要求，套路运动不是动作的简单重复，它要求演练时用力顺达、力点准确，内在神意要与手眼身法步以及各种方法协调一致，做到“心动形随”、“形断意连”。这些要求都充分体现出中国武术内外兼修的特点和形神兼备的演练技巧。因此，套路教学中要突出传授各拳种的基本技法，通过对基本技法和典型技术动作的反复练习与巩固强化，使学生达到娴熟自如地演练，从而不断提高套路演练的技巧和艺术性。

二、攻防技术教学的步骤与要求

（一）攻防技术教学的步骤

攻防运动一般是两个人较技、较勇、较智的“两两相当”的比试，对抗性是攻防运动的根本特性，克敌制胜是其最终目的。攻防技术教学以实战为目标，其教学过程可分为以下四个步骤：

1. 学会动作，掌握击打力点

学生首先在教师的指导下初步学会动作，对动作的运行路线、发力顺序、击打力点等有一个感性认识。这时学生大脑皮层的联系处于泛化阶段，条件反射刚刚建立，还不牢固，教师在教学中不要过多强调动作细节，应抓住动作的主要环节和技术关键，多运用示范讲解等方法帮助学生对技术动作有一个初步体会，建立正确的动作表象，为下一步学习打下坚实基础。

2. 强化动作，体会用力技巧

在初步掌握动作的基础上，教师要积极引导学生认真体会动作要领和用力技巧，纠正多余或错误动作，帮助学生不断改进动作细节，尽量避免动作的预兆，使动作做得更加协调、完整和准确，并通过反复练习，不断强调攻防意识，强化条件反射。

3. 配合运用，动作定型

“不怕千招会，就怕一招熟。”在建立正确的动作表象之后，为了达到进一步强化和巩固的目的，必须有针对性地进行双人配合练习，使正确的动作熟练、稳定、自动化。双人配合，要根据不同的教学目标、身体素质提出不同的条件限制，从单个技术到组合技术、从单一战术到复合战术的运用，包括用力的大小、速度的快慢等一定要以对方的最佳适应性为度，符合双方的能力和水平，循序渐进，否则难以达到最佳的教学效果。

4. 条件实战，灵活多变

学生对动作有了一定理解和掌握后，教师可组织学生进行一定条件限制下的双人实战练习。条件实战，要根据学生的实际情况和练习目的选择相应的实战内容。在不同条件下，培养学生对不同技术、战术的理解和运用能力，培养对距离、时机、空间的精确感觉和把握能力，培养攻防运动中特有的反应能力和应变能力。通过条件实战，不断锤炼学生灵活运用技战术的能力，引导学生学会自我分析与总结，找出个人存在的不足，从而提高实战对抗技能。

（二）攻防技术教学的要求

1. 注重武德教育

攻防技术教学中对抗性强，易出现对立情绪。必须注重武德教育，从一般的礼仪到具体的技术使用，教师均要做出规定，要求学生执行。同时，要通过具体事件不失时机地进行耐心、细致的思想教育工作，做到以理服人。攻防对抗练习中运用脚踢、拳打、抱摔等动作，以对方的身体为击打目标，教师要经常对学生加强武德修养和安全教育，切磋技艺，点到为止，禁止争凶斗狠，培养学生胜不骄、败不馁的优良品德。

2. 重视基本素质和基本技术动作教学

进行实用攻防动作教学，要加强学生的身体素质、基本功和基本动作的练习，加强非对抗条件下的技术练习，切不可操之过急，急于求成。尤其要注重加强基本功法的练习，如腿功、拍打功、跌扑功等，要由易到难、循序渐进。

3. 强化重点技术动作教学

构成攻防技术动作的体系庞大，教师应根据教材内容，有选择地将不同技法的重点技术动作进行强化教学，使学生规范掌握重点动作，熟练运用重点动作，逐步形成自身技术特点，切不可贪图技术体系的全面，而忽视重点技术动作的支撑作用。

4. 突出防身技法教学

武术攻防技术学习的目的是防身自卫、强健体魄。在教学中，教师选择的教材内容应注意以防卫型技术动作为主，即使是攻击技术，也要讲明危害程度和使用范围，更要突出讲明其防身作用。在实战配合练习中要求学生点到为止，强调防守技战术的有效性和重要性，培养学生在各种条件下运用动作的应变能力，提高攻防技术防身自卫的实效性。

第三节　高校武术教学的创新

随着时代的发展和社会的进步，在不同历史时期都会将新的社会元素融入学校教学中。在当前社会背景下，高校武术课堂转变教学思维、创新教学方法、精练教学内容，深化高校武术教学改革已经成为一种社会共识[①]，探索高校武术新的教学模式已经成为一种必然趋势。尤其在“互联网＋”背景下，对传统教学进行创新、促进武术教学效果和质量提升是当前高校武术教学中的重要课题。

一、教学资源创新

教学资源按照使用平台主要分为两大类：一类是线下的教学资源，即需要在实体环境中使用的资源，如图书馆的书籍、实验室的设备等；另一类则是线上的教学资源，即可以通过互联网访问的资源，如在线课程、电子书籍等，此种方式也是当前教学资源最为重要的获取方式。

互联网平台的利用可以采用引用与开发相结合的形式，引用中国大学慕课等高质量平台的优秀课程，结合针对各模块知识点设置对应的授课视频、演示文稿、测验和作业的在线课程建设，做到相互补充，与课程内容相匹配，做到知识点全覆盖、内在逻辑合理、内容完整精练，能够满足学校教学和学生自主学习

① 王浩杰.“自媒体”视域下新时代武术国际化新思路[J].体育科技文献通报，2022，30(05)：245－250.

需求。此外,抖音、bilibili等自媒体平台以其丰富的资源和个性化的知识传播途径,成为当前高校大学生群体课堂外获取知识的主要渠道之一,在现今社会背景下契合当前大学生的知识选择倾向,是高校武术课堂教学的一种重要补充形式。

二、教学方法创新

教学有法,教无定法,贵在得法。在高校武术教学工作中,教师应创新教学方法,以灵活多变的方法来开展教学工作。如在教学工作中,从学生的教学出发,教师可将学生按照性别、爱好、学习能力等划分为不同的层级。对于不同层级的学生,教师可针对性地展开教学工作。"教"与"学"之间存在客观上的不对称性,而实施分层教学法,有利于保障"教"与"学"之间的对称性。从课程内容的教学出发,教师可实施情境教学法。比如,在教授太极拳时,教师可为学生播放音乐,让学生一边倾听音乐,一边进行动作练习。情随意动,教师要拓展学生的想象空间,带领学生进入特定的情境之中,跟随音乐的节奏、旋律,帮助学生感悟太极拳的刚柔并济。此外,教师还可开展启发式教学,相同的武术套路,不同的武术学习者在练习时有着完全不同的表现和风格。学生对武术套路和个体技能的了解不同、感悟不同,呈现效果就具有明显的差异性。此外,采用多媒体教学、虚拟现实技术等方法可以增加教学的互动性和趣味性。

总之,在教学过程中,教师应对教学方法进行大胆创新,并鼓励学生开动脑筋,积极思考,在武术学习中加强感悟,以此提升教学效果。

三、教学内容创新

现阶段的高校武术教学,主要侧重简化式太极拳、长拳、防身术和军体拳等几类内容。可见,当前高校武术教学更多关注的是武术技能与套路动作教学,内容形式相对较为单一。创新高校武术教学内容,是武术教学改革的重要方向。

有研究显示,从武术文化孕育的视角来开展教学活动,不仅能够激发学生参与武术学习的积极性，也能够让学生从更深层次视角来理解武术运动，形成持久的学习兴趣与热情。因此，通过丰富武术文化素材，能真正提升教学活动的价值与影响。①

在关注学生综合素质培养的全新育人环境下，武术文化传承对高校武术教学创新有着积极的价值。武术文化中传递的精神理念符合当下体育教学的创新诉求与目标导向，通过合理利用武术文化来创新体育教学，有利于学生养成向善品德和礼仪规范，并有效提高学生的精神境界，使学生在学习传统武术的同时强身健体、感悟真理。

四、教学评价创新

教学评价是武术课程检验体育教师教学水平和学生学习效果的途径，也是检验武术课堂育人水平、育人效果和育人质量的手段。② 当前，大部分高校武术课程的教学评价以演练武术套路为主、其他为辅，凭借教师主观意愿来对学生完成的套路动作进行终结性打分，再结合出勤、课堂表现给予学生武术课最终成绩。但这种评价方式往往过于主观，且比较片面。因此，提高高校武术教学内容的社会契合度，促进武术教学由平面向纵深发展，构建以健康知识、武术技术技能、身体素质、情感态度为主要内容，教师评价与学生评价相结合、过程性评价与终结性评价相结合、定性评价与定量评价相结合的多元评价体系，是促进高校学生全面健康发展、提升学生人格培养和精神培育的重要途径。

五、教学模式创新

2020 年 10 月，中共中央办公厅、国务院办公厅印发《关于全面加强和改进新时代学校体育工作的意见》，指出要逐步完善“健康知识＋基本运动技能＋专

---

① 方国清，杨建营. 高校武术教学中增加传统文化教育比重的改革研究——以浙江工业大学为例[J]. 中华武术：研究，2017(01)：101—102.

② 魏源，程传银. 红色资源融入高校体育课程思政的价值定位、目标指向与实践路径[J]. 体育文化导刊，2022(08)：14—20.

项运动技能”的学校体育教学模式[①]，强调学校体育教学要注重知识教学、技术训练和比赛运用的多轮驱动，为学校体育教学改革指明了方向和路径。为此，翻转课堂模式、线上线下混合式教学模式、MOOC＋SPOC混合教学模式、SPOC＋BOPPPS模式、“打、育、玩”一体化教学模式、“教—练—赛”融合式教学模式、“三位一体”的发展模式、“泛在化”新型教学模式等新的理念逐步推广开来，这些新的教学理念与模式无不体现着“体育”与“教育”融入武术课程教学过程的典范，不仅可以通过武术的“体育性”解决大学生体质健康持续下降的现实问题，还能通过课程思政的“教育性”深化大学生身体健康、心理健康、品德高尚、人格健全和精神卓越的全面育人理念。

创新武术教学模式不仅能够提升教学效率和质量，还能深化学生对武术文化的理解与认同，有助于传承和弘扬中华武术文化。通过融入现代教育技术和理念，如多媒体技术、互动教学法，武术教学可以变得更加生动有趣，提高学生的参与度和兴趣。同时，创新教学模式应关注学生个体差异，提供个性化学习路径，鼓励学生主动探索和实践，从而培养其创新思维和实践能力。简言之，创新武术教学模式是适应教育发展趋势、促进学生全面发展、传承中华优秀传统文化的必然选择。

第四节　高校武术课程思政

一、高校武术课程思政实施背景

2016年12月，习近平总书记在全国高校思想政治工作会议上强调指出：“思想政治理论课要坚持在改进中加强，使各类课程与思想政治理论课同向同

① 中共中央办公厅，国务院办公厅．关于全面加强和改进新时代学校体育工作的意见[EB/OL]．中国政府网(2020—10—15)．http://www.gov.cn/gongbao/content/2020/content_5554511.htm.

行，形成协同效应。”[①]2017 年 2 月，中共中央、国务院印发《关于加强和改进新形势下高校思想政治工作的意见》，强调要“坚持全员全过程全方位育人，把思想价值引领贯穿教育教学全过程和各环节，形成教书育人、科研育人、实践育人、管理育人、服务育人、文化育人、组织育人长效机制”[②]。2018 年 9 月，习近平总书记在全国教育大会上再次强调：“要把立德树人融入思想道德教育、文化知识教育、社会实践教育各环节。”[③]2019 年 9 月，教育部出台《关于深化本科教育教学改革全面提高人才培养质量的意见》(教高〔2019〕6 号)，提出要“把课程思政建设作为落实立德树人根本任务的关键环节”[④]。2020 年 5 月，教育部颁布《高等学校课程思政建设指导纲要》，指出课程思政建设要在所有高校、所有学科专业全面推进。[⑤] 在此背景下，高校武术课程作为兼具身体锻炼与文化传承双重功能的科目，自然成为实施“课程思政”理念的理想载体。首先，武术本身蕴含着丰富的中华文化内涵，如尊师重道等传统美德，这些都可以与社会主义核心价值观中的相关内容相结合，帮助学生树立正确的三观。其次，通过武术练习可以培养学生的意志品质，增强集体主义精神和社会责任感，这些都是新时代大学生所需具备的基本素质。最后，在全球化日益加深的今天，武术还承担着向世界展示中国形象、传播中国文化的重要使命。因此，在高校武术课程中实施思政教育不仅符合国家教育方针政策的要求，也是实现立德树人根本任务的具体体现，对于促进学生全面发展具有重要意义。

---

① 习近平. 把思想政治工作贯穿教育教学全过程，开创我国高等教育事业发展新局面[N]. 人民日报，2016—12—09.

② 关于加强和改进新形势下高校思想政治工作的意见[EB/OL]. http://www.gov.cn/xinwen/2017-02/27/content_5182502.htm.

③ 习近平出席全国教育大会并发表重要讲话[EB/OL]. http://www.gov.cn/xinwen/2018-09/10/content_5320835.htm.

④ 教育部关于深化本科教育教学改革全面提高人才培养质量的意见[EB/OL]. http://www.moe.gov.cn/srcsite/A08/s7056/201910/t20191011_402759.html.

⑤ 教育部关于印发《高等学校课程思政建设指导纲要》的通知[EB/OL]. http://www.moe.gov.cn/srcsite/A08/s7056/202006/t20200603_462437.html.

二、高校武术课程思政概念与元素

(一)高校武术课程思政概念

"课程思政"是指在中国教育体系中,将思想政治教育融入各个学科的教学之中,旨在培养学生的社会主义核心价值观,增强学生的国家意识与社会责任感。

"高校武术课程思政"是指在以身体练习为主要特征、以武术技术与文化传承为主要内容、以高等教育的学生为主要人群,旨在提高身体素质和专项技能的同时进行思政教育的理念。

(二)高校武术课程思政元素

2020年教育部印发的《高等学校课程思政建设指导纲要》提出,体育类课程应"注重爱国主义教育和传统文化教育,培养学生顽强拼搏、奋斗有我的信念,激发学生提升全民族身体素质的责任感"①。通过广泛调研,经多轮筛选提炼,最终凝练出武术课程的6个思政元素:民族精神、尚武崇德、文化自信、规则意识、科学精神、家国情怀。②

1. 民族精神

相比其他体育运动项目,中华武术的特殊价值在于它更利于弘扬和培育民族精神,特别是其技击对抗运动形式是培育青少年"刚健自强"精神的实践途径,通过武术课教学,可以培养广大青少年坚忍不拔、迎难而上、敢于亮剑、奋勇拼搏、冷静果敢,充满阳刚之气。

2. 尚武崇德

---

① 教育部关于印发《高等学校课程思政建设指导纲要》的通知[EB/OL]. http://www.moe.gov.cn/srcsite/A08/s7056/202006/t20200603_462437.html.

② 杨建营,冯香红,徐亚奎等.体育教育专业武术课程思政元素及教学案例解析[J].西安体育学院学报,2022,39(01):122—128.

武术本来是一门技击术，既可以以之防身自卫、见义勇为，也可以以之恃强凌弱、胡作非为。武德这一独特文化现象正是限制习武者滥用武力的一种内在制约机制，并且在实践过程中升华为一种“高尚精神境界”。由此，“尚武”和“崇德”成为一对孪生概念。

3. 文化自信

武术具有多层次技法、多元技术结构，多样化的“拳种”形成武术技术体系的结构主体。各种技法体现出博大精深的特点，集中呈现了中华民族独特的思维方式。如“反者道之动”、“柔弱胜刚强”等相反相成的思维，混元一体、和谐共生、阴阳互融等传统哲学思想在中华武术中都有非常直观的体现，是通过中华武术建立文化自信的源泉。

4. 规则意识

尊重规则、遵守规则、服从规则、敬畏规则、公平竞争是现代体育精神的核心内容。当今时代的学校武术，无论是散打、推手，还是短兵、长兵，都是在现代体育精神影响下形成的运动项目。在课堂教学过程中，应把武术对抗比赛作为主要教学环节，以此培养规则意识。

5. 科学精神

科学精神以理性、批判、质疑、探究为特点。2 000 多年前亚里士多德发现万物运行都有独立于人之外的规律可循，并建立了形式逻辑，科学精神开始形成。自 20 世纪前期的新文化运动倡导科学以来，如何用科学精神剖析武术，成为武术界必须认真面对的问题。

6. 家国情怀

家国情怀是众多习武者最高层面的追求，往大处说，可以奔赴疆场、精忠报国；往小处讲，可以行侠仗义、见义勇为。在近代民族危亡的时刻，以一身好武功奔赴战场的习武者大有人在，他们都有报效祖国的爱国情怀、侠肝义胆的侠义精神。

思考题

1. 简述武术教学法的分类。

2. 试述套路运动和攻防运动的教学步骤与要求的差异。

3. 谈谈你对武术教学创新的理解。

4. 高校武术课程思政元素体现在哪些方面？

第九章

武术评判与欣赏

学习目标

熟悉武术套路及太极推手的竞赛规则，明确武术表演应当如何进行欣赏与评价，了解现代科技在武术评判与欣赏中的应用，提高我们评判武术比赛的水平，培养观赏武术表演的能力。

学习任务

1. 熟悉武术套路和太极推手的竞赛规则，促进武术的教学与训练。

2. 了解武术表演的欣赏与评价，培养武术观赏能力。

3. 掌握现代科技在武术评判与欣赏中的应用，能灵活运用到武术训练与表演中。

武术竞赛规则是竞技武术技术的杠杆，具有导向性作用，既可以反映当下竞技武术运动所达到的技术水平，又能够引导竞技武术技术的发展方向。[①] 为了推动武术的规范化和国际化发展，需要有相应的竞赛规则作为保障，以确保

---

① 林小美，余沁芸. 新中国成立以来竞技武术发展回顾与思考[J]. 体育科学，2020(05)：3－13，59.

比赛的客观性和公正性。同时,武术具有较高的观赏价值,无论是套路表演还是推手比赛,在行云流水的动作中反映的则是中华文化深层的意识,是具有中华民族性特点的运动项目的标志。

第一节 武术套路竞赛规则与裁判法

自1959年至今,已修订有十多个不同版本的武术套路竞赛规则及相关版本的补充规则,竞赛规则为比赛的公平性与观赏性起到重要作用。本节将对2019年国际武术套路竞赛规则与裁判法做简单介绍,以便更好地欣赏与评价武术套路。

一、竞赛办法

(一)竞赛类型

1. 根据竞赛形式分类

(1)个人赛。

(2)团体赛。

(3)个人及团体赛。

2. 根据年龄分类

(1)成年赛。

(2)青年赛。

(3)少年赛。

(4)儿童赛。

(二)竞赛项目

1. 自选项目

(1)自选拳术:长拳、南拳、太极拳。

(2)自选器械:剑术、刀术、枪术、棍术、南刀、南棍、太极扇、太极剑。

2. 规定项目

(1)规定拳术:各项目规定拳术。

(2)规定器械:各项目规定器械。

3. 对练项目

徒手对练、器械对练、徒手与器械对练。

4. 传统项目

传统拳术和传统器械。

5. 集体项目

(三)竞赛年龄分组

1. 成年组:19 岁以上。

2. 青年组:15 至 18 岁。

3. 少年组:12 至 14 岁。

4. 儿童组:11 岁(含 11 岁)以下。

(四)套路完成时间

1. 自选套路:长拳、南拳、剑术、刀术、枪术、棍术、南刀、南棍套路,成年不少于 1 分 20 秒钟,青少年(含儿童)不少于 1 分 10 秒钟。太极拳、太极剑套路为 3～4 分钟。

2. 规定套路:太极拳套路为 5～6 分钟,太极剑、太极扇套路为 3～4 分钟。

3. 对练套路:不少于 50 秒钟。

4. 传统套路:不少于 1 分钟。

5. 集体项目:3～4 分钟。

（五）比赛场地

1.个人项目的比赛场地为长 14 米、宽 8 米，其周围至少有 2 米宽的安全区。

2.集体项目的比赛场地为长 16 米、宽 14 米，其周围至少有 1 米宽的安全区。

3.比赛场地四周内沿应标明 5 厘米宽的白色边线。

4.比赛场地的空间高度不少于 8 米。

5.两个比赛场地邻近边缘距离 6 米以上。

6.根据实际情况，比赛场地可高出地面 0.6～1 米。

7.比赛场地灯光照度应达到 1 500 勒克斯以上。

（六）比赛服装

裁判员统一着装，运动员穿武术比赛服装。

（七）比赛器械

1.使用中国武术协会指定的比赛器械。

2.器械要求：左手持剑或抱刀，剑尖或刀尖不低于运动员本人耳上端，刀彩自然下垂的长度不短于 30 厘米。棍、南棍的长度不短于运动员本人身高。枪的长度不短于运动员本人并步直立直臂上举时从脚底至中指尖的长度，枪缨长度不短于 20 厘米且不得太稀疏。南刀刀尖在运动员左手抱刀时不低于本人下颌。太极扇在反手持扇时，扇骨长度不高于运动员本人肘部，太极扇材质、颜色可任选，可在规定的器械要求上增加图案。

（八）比赛音乐

配乐项目必须在音乐伴奏下进行，音乐自行选择。

二、裁判评分方法与标准

(一)自选项目

1. 评分方法

(1)各项目比赛的评分为10.00分(不含创新难度加分),其中动作质量的分值为5.00分、演练水平的分值为3.00分、难度的分值为2.00分(包括动作难度分值1.40分和连接难度分值0.60分)。

(2)A组评分裁判员根据运动员演练时出现的动作错误和其他错误进行扣分。

(3)B组评分裁判员和裁判长根据运动员整套动作的演练评定等级分数,并对不符合编排要求的内容进行扣分。

(4)C组评分裁判员根据运动员现场动作难度和连接难度的完成情况进行评定。

2. 评分标准

(1)动作质量

动作与规格要求不符,每出现一次扣0.10分;一个动作出现多种错误,均一次性扣0.10分。

其他错误每出现一次扣0.10～0.30分。包括躯干晃动,脚碾动、移动或跳动(扣0.10分);附加支撑(扣0.20分);倒地(扣0.30分);器械触地、脱把、碰(缠)身、变形(扣0.10分);器械折断(扣0.20分);器械掉地(扣0.30分);刀彩、剑穗、枪缨、服饰、头饰掉地,刀彩、剑穗缠手(缠身),服装开纽或撕裂,鞋脱落(扣0.10分);平衡静止时间不足2秒钟(扣0.10分);身体任何一个部位触及线外地面(扣0.10分);遗忘(扣0.10分)。以上错误均按出现的人次累计扣分。

(2)演练水平

①演练水平的评分,包括演练水平等级分的评定和编排扣分。

②演练水平等级分的评分标准:按劲力、协调、节奏、风格、配乐的评分标准分为3档9级。其中3.00～2.51分为好,劲力充足,用力顺达,力点准确,手眼身法步及身械配合协调,节奏分明,风格突出,动作与音乐和谐一致;2.50～1.91分为一般,劲力较充足,用力较顺达,力点较准确,手眼身法步及身械配合较协调,节奏较分明,风格较突出,动作与音乐较和谐一致;1.90～1.01分为不好,劲力不充足,用力不顺达,力点不准确,手眼身法步及身械配合不协调,节奏不分明,风格不突出,动作与音乐不和谐一致。

③编排扣分:运动员完成的套路与编排要求的内容不符,每出现一次扣0.10～0.20分。包括规程规定的内容每缺少一项(扣0.20分);未按规定发声,或每增加或减少一次(扣0.20分);静止姿势(平衡动作除外)停顿时间超过3秒或太极拳、太极剑完成难度前出现停顿(扣0.10分);未运用场地四角位和中间位,每缺一方位者(扣0.10分);长拳、南拳及其器械套路中跳跃、跌扑类难度动作前的助跑步数超过4步(扣0.10分);两段中无规程规定的动作难度(扣0.10分);要求配乐的项目未配乐或配乐伴有说唱(扣0.20分)。

(3)难度

①动作难度:完成一个A级动作难度计0.20分,完成一个B级动作难度计0.30分,完成一个C级动作难度计0.40分。动作难度的累计分如超过1.40分,则按1.40分计算。

②连接难度:完成一个A级连接难度计0.05分,完成一个B级连接难度计0.10分,完成一个C级连接难度计0.15分,完成一个D级连接难度计0.20分。

③创新难度加分:完成一个创新的B级动作难度(含连接难度)加0.10分,完成一个创新的C级动作难度(含连接难度)加0.15分,完成一个创新的超C级动作难度加0.20分。

（二）规定、对练与集体项目

1. 评分方法

(1)各项目比赛的满分为 10.00 分，其中动作质量的分值为 5.00 分、演练水平的分值为 5.00 分。

(2)A 组评分裁判员根据运动员演练时出现的动作错误和其他错误进行扣分。

(3)B 组评分裁判员和裁判长根据运动员整套动作的演练评定等级分数，并对不符合编排要求的内容进行扣分。

2. 评分标准

(1)动作质量

动作与规格要求不符，每出现一次扣 0.10 分；其他错误每出现一次扣 0.10～0.30 分。

(2)演练水平

①演练水平的评分，包括演练水平等级分的评定和编排扣分。

②演练水平等级分的评分标准：按劲力、协调、节奏、风格、配乐的评分标准分为 3 档 9 级，其中 5.00～4.21 分为好、4.20～3.01 分为一般、3.00～1.51 分为不好。

③编排扣分：运动员完成的套路与编排要求的内容不符，每出现一次扣 0.10～0.20 分。

（三）传统项目

1. 评分方法

(1)各项目比赛的满分为 10.00 分，其中动作质量的分值为 5.00 分、演练水平的分值为 5.00 分。

(2)A 组评分裁判员根据运动员演练时出现的动作错误和其他错误进行

扣分。

(3)B组评分裁判员和裁判长根据运动员整套动作的演练评定等级分数。

2. 评分标准

(1)动作质量

动作与规格要求不符,每出现一次扣0.10分;其他错误每出现一次扣0.10～0.30分。

(2)演练水平

演练水平等级分的评分标准:按劲力、协调、节奏、风格、配乐的评分标准分为3档9级,其中5.00～4.21分为好、4.20～3.01分为一般、3.00～1.51分为不好。

三、比赛礼仪及服装

(一)比赛礼仪

比赛前向裁判行礼后上场,在套路演练完成后向裁判行礼后下场候分,示分后向裁判行礼。

(二)比赛服装

1. 长拳、刀术、剑术、枪术、棍术、对练项目

(1)立领、短袖(长袖均为灯笼袖,袖口为紧口)上衣。男子的上衣为对襟有七对直襻,女子的上衣为半开对襟有三对直襻,周身有1厘米的边。

(2)灯笼裤,松紧腰,横、立裆要适宜。

(3)软腰巾或硬腰带。

2. 南拳、南刀、南棍项目

(1)无领、对襟上衣。男子的上衣为无袖,女子的上衣为短袖,均有七对直襻,周身有1厘米的边。

(2)灯笼裤,松紧腰,横、立裆要适宜。

(3)软腰巾或硬腰带。

3. 太极拳、太极剑项目

(1)立领、对襟、长袖上衣。上衣有七对直襻,灯笼袖,袖口为紧口。上衣底边位置不超过本人直臂下垂时中指指尖,周身有1厘米的边。

(2)灯笼裤,松紧腰,横、立裆要适宜。

2019年国际武术套路竞赛规则与裁判法(修订版)

第二节 太极推手竞赛规则与裁判法

1979年研究制定第一部《太极拳推手竞赛暂行规则》,1990年5月更新推出《太极拳推手暂行竞赛规则》,到1994年首次正式颁布《武术太极推手竞赛规则》,再到2015年4月由中国武术协会正式发布《武术太极拳推手竞赛规则(试行)》,2024年7月23日印发《武术太极拳推手竞赛规则(试行)》。太极推手竞赛规则历经五个版本的变化,不断完善竞赛规则,保障太极推手的竞赛更具有观赏性。

一、通则

(一)竞赛性质

1. 个人赛。

2. 团体赛。

(二)竞赛办法

1. 循环赛:单循环、分组循环。

2. 淘汰赛:单败淘汰、双败淘汰。

(三)年龄分组与资格审查

1. 参赛运动员必须有太极拳习练经历,并具备武术(太极拳)四段及以上段位,或武术套路(太极拳)二级运动员技术等级,或近 2 年内参加省级及以上武术套路比赛,获得太极拳个人项目成绩达 8.5 分以上,且能熟练运用太极拳推手技术方法者,方可报名参加太极拳推手比赛。

2. 成年组运动员的参赛年龄限在 19 至 45 周岁,青年组运动员的参赛年龄限在 15 至 18 周岁。

(四)竞赛时间

每场比赛分为两局,每局净推 2 分钟,局间休息 40 秒,双方运动员交换场地继续比赛。

(五)竞赛信号

1. 比赛前 10 秒钟,计时员鸣哨通告准备;每局比赛至 2 分钟,计时员鸣锣宣告该局比赛结束。

2. 场上裁判员用口令和手势裁定比赛。

(六)竞赛相关规定

1. 运动员必须遵守比赛规则,认真进行比赛,严禁故意伤人。

2. 教练员和本队医生应坐在指定位置,比赛时不得在场下大声喧哗、呼喊,影响比赛。

3. 比赛时运动员不得要求暂停，如遇特殊情况，需向场上裁判员举手示意。

4. 运动员不可留长指甲，不可戴项链、耳环、腕表和易伤及对方的物品上场比赛。

二、技法要求、得分标准与判罚

（一）竞赛法则

1. 必须采用“掤、捋、挤、按、採、挒、肘、靠”的方法元素（简称八法），以及相应的步法。

2. 必须贯彻“沾粘连随”、“刚柔相济”的原则。

3. 必须在平圆双推状态下完成进攻动作。

（二）竞赛方法

1. 当场上裁判员发出“预备”口令时，双方运动员起势、上步成合步搭手势。第一局白方领手，第二局黑方领手。

2. 第一局开始时，双方右脚在前，互搭右手；第二局互换场地后，双方左脚在前，互搭左手。

3. 每局开始时，双方运动员前脚踩于中心圈内，合步搭手，当场上裁判员发出开始信号后，比赛开始。

4. 每局开始时，场裁须提示白方或黑方领手，运动员必须平圆双推两圈以上，方可进攻对方；场裁喊停时，双方搭手必须平圆双推一圈以上，方可进攻；比赛过程中，运动员须在平圆双推状态中进攻对方。

5. 比赛过程中，双方脱手，在场裁未喊停的情况下，双方搭手，可直接进攻。

6. 比赛过程中，运动员双脚可在圈内任意移动。

7. 比赛结束后，在场上裁判员的指示下，运动员站在裁判员两侧等待宣布比赛结果。

(三)攻击部位

颈部以下、耻骨以上之躯干和手臂部位。

(四)得分

1. 优势胜利

(1)比赛中因对方犯规造成受伤,经医生检查不能继续比赛者,判受伤者获胜。

(2)比赛中因受伤(除因对方犯规而致的受伤外)不能坚持比赛者,判对方获胜。

(3)比赛中运动员或教练员要求弃权时,判对方获胜。

(4)双方运动员分差达到15分时,判得分高者优势获胜。

(5)一场比赛中,同一运动员被强制读秒两次,则终止比赛,判对方获胜。

2. 得3分

一方倒地(由于身体失去平衡造成的、在支撑动作正常状态所需的肢体以外的身体任何一个部位触地),对方站立者得3分。

3. 得2分

(1)先后倒地,后倒地者得2分。

(2)一方被强制读秒一次,对方得2分。

(3)一方受警告一次,对方得2分。

(4)凡出现"侵人犯规"中的第7条者,给予警告,对方得2分。

4. 得1分

(1)凡出现"侵人犯规"中的1~6条之一者,给予劝告,对方得1分。

(2)凡出现"技术犯规"之一者,给予劝告,对方得1分。

(3)一方脚踩踏或出圈者,对方得1分。

(4)因消极被指定进攻,3秒钟内仍不进攻,对方得1分。

5.不得分

(1)双方同时出圈或倒地。

(2)无效进攻。

(3)凡不使用“八法”技术元素进攻对方者。

(4)不在平圆双推状态下进攻者。

6.犯规

(1)侵人犯规

①使用硬拉、硬拖、搂抱或用脚钩、踏、绊、跪者。

②故意造成对方犯规者。

③脱手发力击、撞者。

④抓握对方衣服或死握对方者。

⑤在口令“开始”前或喊“停”后进攻对方者。

⑥用手攻击对方耻骨及耻骨以下部位者。

⑦使用拳打、头撞、撅臂、擒拿、抓头发、点穴、肘尖顶、捞裆、扫腿、膝撞、扼喉等动作者。

(2)技术犯规

①平圆双推未过规定圈数,抢先进攻者。

②平圆双推中故意用力阻碍对方平圆双推者。

③处于不利状况时举手要求暂停者。

④比赛中对裁判员不礼貌或不服从裁判者。

(3)罚则

①出现“侵人犯规”1～6条之一,每犯规一次,判劝告一次。

②出现“侵人犯规”第7条,每犯规一次,判警告一次。

③技术犯规一次,判劝告一次。

④一场比赛中,同一运动员被警告两次或者被罚分达6分者,则终止比赛,判对方获胜。

⑤比赛中凡不会以规范的手法和相应的步型平圆双推者，取消其比赛资格。

⑥运动员故意伤人者，取消比赛资格。

三、比赛礼仪和场地要求

（一）比赛礼仪

1. 裁判员先入场，站在场地中点后方，面向裁判长。介绍裁判员时，裁判员应该成立正姿势向观众行抱拳礼。

2. 运动员进场后，站在场上裁判员两侧，面向裁判长。介绍运动员时，被介绍者应成立正姿势向观众行抱拳礼。

3. 在双方运动员介绍结束后，运动员互行抱拳礼，再与场上裁判员互行抱拳礼。

4. 每场比赛结束时，运动员在场上裁判员宣布比赛结果后，先向裁判员行抱拳礼，然后互行抱拳礼，再转身向对方教练员行抱拳礼，方可退场。

（二）比赛场地要求

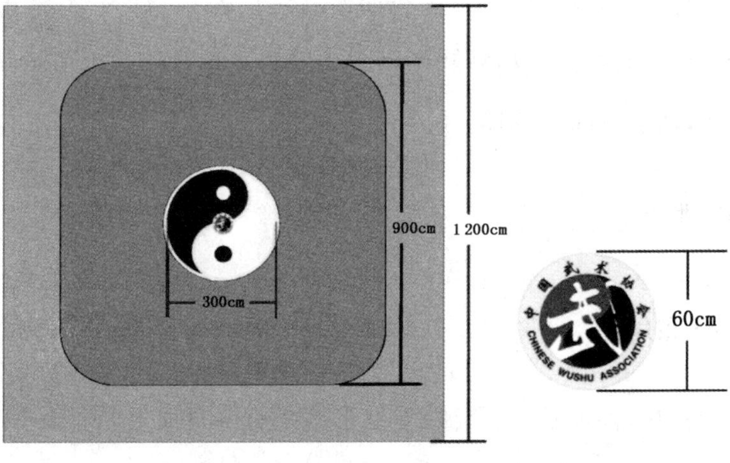

中心圈直径(含边线)：60cm；外圈直径(不含边线)：300cm
中间毯面边长：900cm；整块毯面边长：1 200cm

图 9—1

具体规则内容详见下方二维码：

武术太极拳
推手竞赛规则
（试行）

第三节　武术表演的欣赏与评价

武术具有表演观赏的价值，在古代，武术除满足自卫需求外，还可以用来满足人们精神生活上的需求。进行武术演练或是进行对抗性运动的都是“演员”，观看的人则是观众，这便形成了武术的欣赏。在民间，街头卖艺的艺人会画地做场，表演武技，吸引路人驻足观看。史料《庄子·说剑》中记载“赵文王喜剑”，观看剑士表演、比赛；也有“项庄舞剑”典故，其舞必以武技，具有观赏价值。现代也有许多大型武术表演，如为庆祝中国共产党成立70周年北京体育大学的大型武术舞台剧《远征》、助力北京申奥的“武魂颂”大型武术表演，这些表演以武术技术为依托，结合故事情节，配合服装、道具、音乐、灯光等，能够使观众通过观看武术表演，振奋民族精神和增强中华民族文化自信。本节将从动作形式和运动员表演两个方面来阐述。

一、动作形式

（一）动作布局

武术套路中的各种拳术、器械、对练形式都有各自风格特征。如深厚沉稳、刚劲有力的南拳，舒展大方、轻快潇洒的长拳，轻灵柔和、绵绵不断的太极拳等，它们都以丰富多彩、神奇变化的运动特点把武术套路的形式美表现得活灵活现。套路结构中包含开始、运行中、结束这三部分，包括起势、往返、收势。在这三个结构的衔接与编创中，起势明显地突出从静止转向行动，节奏变化鲜明，动若脱兔，有强烈的视觉冲击力；收势则恰恰相反，由运动快速转变为静止，让人回味无穷。动作运行的线路变化也要注意考量，尤其是起势与收势在位置上安排的统一性。场地上闪展腾挪，要有足够多的方向变化，将直、斜、对角、弧形等都运用进套路的编创中。运动套路以不同的、较复杂的方向路线将其贯穿起来，左右变化、前后移动、斜角拉开、进退碾转、高低起伏等变化，在地毯上跌宕起伏。在套路的编排中，方向路线是不可缺少的要素，方向单一、路线单调，那么就只是单个动作的串联，无法展现套路的技法特点。最重要的一点是，套路的内容结构要紧扣拳种的风格特点，内容要多样化。

（二）动作衔接

武术套路招式与招式之间的衔接，是招式之间的转换过程。该过程必须顺畅，顺着力的走向合理安排动作，则会起到接力借力的效果，不仅劲力上有所依仗，而且美感也顺其自然，显现出线条式的流畅之美。如翻子拳中鹦鹉上架后面接顺手搂，动作从处于高势能的前招转向低重力势能的后招，不仅合乎能量的转化，也顺应动作之间的变换，给人以美的享受。

（三）动作节奏

武术表演的韵律变化就是节奏，主要指对动静、快慢、虚实等关系之间的处理。不同的拳种对节奏的要求不同。例如，长拳要求节奏鲜明、快速有力，太极拳则要求柔和缓慢、绵绵不断。在武术表演中，节奏的处理要富有韵律，快的时候要令人振奋，慢的时候要耐人寻味，一味追求快或速度平缓都是不可取的。通过节奏的鲜明变化，突出拳种的独特风格，表达表演的情绪，产生视觉上的冲击，令人心旷神怡，使观赏者情不自禁地获得快感和美的享受。

节奏具体就是“十二型”，即快如风、缓如鹰、起如猿、落如鹊、重如铁、轻如叶、立如鸡、站如松、转如轮、折如弓、动如涛、静如岳。节奏的变化要根据具体动作而定,不是教条的,即"快"后不一定是"缓","重"后也不一定是"轻",它可以是一组同类的动作跟着再现几个其他类型的动作,经过"律"的修饰,使各种动作"和谐"地衔接,有层次、多方面、出其不意且清晰地表现节奏。"十二型"所对应的"动静、起落、立站、转折、轻重与缓快"是6对矛盾的对立统一。这些矛盾在武术表演中体现得越是充分,动态美也就越诱人。武术套路表演在运动中实现了"十二型"的有机"和谐",互为补充与衬托,其结果就形成了优美的"节奏"。"凡事竭尽其美,要有韵",有节奏变换的"韵"之和谐,是武术套路演练体现的传统美学规律之一。

在演练器械对练时,对练者要配合默契、动作逼真、富有节奏。在对练中,两人的距离感和时间差要把握好。例如,在演练三节棍进枪做进攻扫头动作时,应当把三节棍贴着对方的头部和躯干进行扫击,两人距离不可较远,否则就没有观赏的价值。再如,在表演朴刀进枪时,当持朴刀的运动员做抹头动作时,拿枪的运动员应快速低头,通过一快一慢的默契配合,使对练表演更加富有节奏。

(四)技击

技击,这个带有一种激烈厮杀、格斗含义的运动项目,自古以来都为练武的人们所重视。武术运动中,技击术在冷兵器时代发挥了主要的战斗作用,而热兵器的出现在很大程度上削弱了技击的实用价值,它的使用范围逐渐从战场退出,在民间成为一种健身、娱乐、显示功力的有效手段。

武术的技击法则在运用中更注重对动作美的追求,它在内意上仍保留了技击法则的实用价值的精髓,在外形上则进行修饰和创新。在实战中,蛮犷粗野的动作已不符合现代规则的要求,巧运心力、招式转化、灵活多变、虚实难料才是制敌的高招,这当中无不体现出肢体的灵巧性和协调性,使动作具有一种精致、准确、和谐的美。在技击技术的训练过程中,为了增强身体技能技巧,会进行有目的、有意识的体能练习,使整个身体变得强壮有力,从而呈现出肌肉丰满、粗犷雄健的发达身躯,这就表现出了健壮之美。

徒手对练虽然是按照攻防格斗规律和预先编排好的套路进行假设性的徒手实战练习,但它也要求演练双方表现出良好的进攻和防守意识。武术对练本身是以技击动作为主要内容,这样就要求练习对练时要做到有战斗气氛,打斗逼真、动作熟练。做进攻动作时要做到速度快、力点准,在防守时要做到动作顺、方法巧、还击快。如对方右摆拳打过来,我用左臂格挡,用右直拳快速打击对方面部,做到防守还击连续进行,这样才能攻防合理、意识逼真。虽然这是假设性实战演练,但让人们感觉像是实打格斗。

二、运动员表演

(一)形神兼备

武术套路表演都要求表现出充足的精气神,也就需要形神兼备。在套路演练中,神随形转,形随意动,存在于含而不露、舒展的神态之中,使整个套路协调而富有生气,形成击是本、神是情、形是意的高度统一。如"形如搏兔之鹘,神如捕鼠之猫",要求演练者具有像鹘一般矫健的身形和猫随时出击之神态。武术表演的"心动形随"、"意发神传",才使武术演练富有神采。诸如南拳的雄浑敏捷、北腿的粗犷豪放、太极拳的轻灵柔和、大刀的气势雄伟、棍术的横扫千军、长枪的变幻莫测、单刀如猛虎、剑似飞凤,都是通过表演者动作形体与神态的和谐逼真,使观赏者产生会意的美学欣赏。尤其是象形拳更是重"形"与"神"的和谐,如机灵活泼的猴拳表演不仅有形象的动作表现,而且能通过眼神左右、上下、前后的环顾,尤其是伴随着眼睛不停地眨巴,使艺术表现更为生动、惟妙惟肖。而鹰爪拳的眼神必须按照"雄鹰搏兔"、"鹰击长空"的形象,要目不转睛地环顾,双目炯炯有神,容不得半点眨巴。醉拳则在睡眼惺忪中暗藏杀机,不然就失去了醉翁之意不在酒的形象。武术表演从"形似"到"神似"便有了"传神写意”的欣赏价值。

（二）服饰

武术服饰有丰富的内涵和精深的哲理，它使武术的本质融于绚丽多彩的套路演练之中，以势夺人，以形娱人，使人能在刀光剑影中品享到淳厚的民族传统文化。人们在欣赏武术技术动作的同时，也应从武术特定的服饰入手，来进一步领略武术作品更深层的意义。

武术比赛中，体形宽大的武术服装在运动员演练套路时，便犹如有千钧之力扑面而来，再加上流畅的闪展腾挪及发力的动作，磅礴的气势更如排山倒海，势不可当。这种“大美”与武术精湛的攻防动作结合在一起，自然会给人以威风八面的感觉。

在不同类型的武术表演中，对服饰也有着不同的要求。在武术舞台剧的表演中，要穿着与情景表演相关的服饰，更好地表达武术剧情，传递情感。在农村，每当农闲或庙会、春节、赶集时，常有武术爱好者“逢场作戏”，有些往往与舞狮、舞龙相结合进行表演，表演者也会穿着极具节日特色或是民族特征的服饰，更好地烘托节日氛围。

（三）身形

武术拳种纷繁、流派众多。依据“拳流有序、拳理明晰、风格独特、自成体系”原则，确定全国共有131个拳种。不同拳种就有不同的套路，各拳种的技法特点、动作形态均有所不同。譬如，长拳的形态就要求撑拔舒展、势正招圆；南拳手法丰富、稳马硬桥；形意拳迈步如行犁，象形取意、刚柔并济；八卦掌绕圈走转，摆扣灵活。不同拳种因为独特的形态而产生差异，在表演时便不能将南拳练成长拳，不区分两者之间的演练形态。不同流派的太极拳风格特征也有所不同，陈氏太极拳手法螺旋缠绕多变，杨氏太极拳则动作舒展和顺，吴氏太极拳斜中寓正，武氏太极拳进退旋转始终保持中心位置，孙氏太极拳动作敏捷，多转变方向。在太极拳的欣赏中,从不同形态中便能准确判断太极拳的流派。虎拳的刚劲勇猛,有“猛虎出洞”、“虎啸山林”之威风;鹰拳的矫捷快速,似“雄鹰捕食”、“鹰击长空”的姿态;醉拳的跌扑滚翻,给人以“似醉非醉”、“醉打山门”的气概。特别是猴拳,整套动作完全是模仿猴子的日常行为,以出洞、窥望、攀登、摘桃、蹬枝、拼抢、藏桃、蹲坐、吃桃、喜乐、惊窜、入洞等构成整个套路,以刚、柔、轻、灵、巧、躲、闪、神、束来表现猴的神态,以抓、甩、采、切、拿、扣、顶的手法和缠、蹬、踹、弹的腿法来表现猴的动作。在外形上既似猴的动作,在神情上又似猴的精神,使人看后便能会意这是猴的形象。武术表演是由动作组成的套路,表演者的神态便可以给人不同的情趣感受,表现出武术形态的特色。

在武术欣赏中,表演者所演练的拳术或器械应当展现出该拳种的独特形态,能够让观赏者一眼便能看出各类的区别,而非表演时所有形态均似竞技长拳。

(四)声音

音乐与武术表演的有机结合,可以达到更好的表演艺术效果。表演经常是场面开阔、威武雄壮、扣人心弦,再配上节奏明快、具有相应特色的中国古典音乐和民族音乐,以及适宜的服饰,可使人获得舒畅、优雅的美好感受,同时也能振奋精神,达到欣赏武术的最佳效果。

武术套路中有拍打肢体发出的声音、运动员的呐喊声、武术表演服的抖动声以及武术器械的破空声和碰撞声,为武术美学欣赏增加了听觉快感。概言之,它是对真实打斗声音的模仿和对音乐美的一种移情。

第四节 现代科技在武术评判与欣赏中的应用

现代科技不仅为武术的传承和推广提供了新的手段和平台,也为武术的评判与欣赏带来了新的视角和体验。通过科技的辅助,可以使武术的评判更加客观、公平、高效，让武术的欣赏更具有参与性、互动性和趣味性。

一、人工智能(AI)技术

随着科技的迅猛发展，人工智能正逐渐渗透到我们生活的方方面面，中华武术传统技艺也不例外。作为科技与武术评判领域的先驱，2023 年 5 月由上海体育大学设立的武术人工智能实验室，致力于将武术的传统技艺转化为可量化的数据，通过科学研究、开发和创新，推动评判的科学化和现代化。实验室里的设备和软件都是基于先进的 AI 技术，采用无接触视频采集方式，对武术动作进行精准捕捉，包括动作的准确性、流畅度、力量和速度等多个维度，从而实时计算被测者的肢体、躯干关键动作，完成对被测者技术的数字化自动采集、演算、总结和评价，以推动武术评判的科学化和标准化。武术 AI 实验室在 2023 年的世界传统武术锦标赛上首次亮相，这些技术的应用不仅提高了武术评判的准确性和武术学习的效率，也为武术的传承和弘扬开辟了新的舞台。未来可能与更多的武术学校、武馆以及武术组织合作，将这个评判系统推广到更广泛的应用中。

在武术表演欣赏中，动作捕捉技术可以瞬间抓住出彩的武术动作，通过多维度慢放，也能将转瞬即逝的高、难、美武术动作定格，无论是飞檐走壁的高难度动作，还是精妙绝伦的招式变化，都能通过这项技术被精确捕捉并记录下来，从而使观众能够获得更佳的视觉体验。当然，这一技术在武术技术动作的纠正中也能得到应用，帮助运动员纠正动作，获得提高。再者，通过动作捕捉技术，将精彩的武术表演和比赛资料永久保存，成为武术技艺传承的宝贵财富。武术的数字化能够更好地为后人提供研究和学习素材，为武术技艺的传承做出重要贡献。

二、虚拟现实(VR)技术

虚拟现实技术可以借助计算机等设备产生一个逼真的三维视觉、触觉、嗅觉等多种感官体验的虚拟世界，从而使处于虚拟世界中的人产生一种身临其境的感觉。虚拟现实技术的出现也逐步改变了武术表演的形态，为观众带来了多样化的体验。虚拟现实技术能够增强表演者与观众的互动性，一定程度上突破空间限制，使武术的表演与形式变得多样化。

首先，通过虚拟现实技术与人工智能技术的结合，为武术表演带来了新的可能性。虚拟现实技术能够将武术表演的欣赏场景转化为多维度，让观众身临其境，与武术表演者产生深度互动，不再是被动欣赏，而是也可以成为其中一员，通过 VR 头盔进入虚拟武术场景，360 度全方位观察和感受，体验从静态转为动态，大大提高了参与感。

其次，虚拟现实技术也能够通过算法推荐和个人行为分析，为每个人打造独特的武术场景，让武术欣赏更加贴近个人兴趣。

最后，虚拟现实技术可以创建沉浸式的武术练习环境，提高训练效率和安全性；而人工智能技术可以提供智能化的支持，帮助表演者控制情绪和动作，提升表演的专业水平和观赏度。

总之，现代科技为传统武术注入了科技力量，在赋予武术评判客观性和欣赏趣味性的同时，也让武术的传承与弘扬有了更广阔的舞台，为进一步推进“健康中国”与“体育强国”的国家战略落实增添了“智慧”的一笔。

知识拓展

动作捕捉与中国武术

《黑神话：悟空》的爆火，令“武术动捕”这一赛道再度进入人们的视线。武术动捕，即通过专业的武术运动员或武术演员进行动作捕捉，利用动捕服等装备，将武术动作规律捕捉成虚拟数据，再套到虚拟模型身上，从而使游戏或电影中的角色能够动作生动逼真。“武术动捕”在我国并不属于新赛道，事实上，在动漫制作领域，“武术动捕”已有广泛应用，如《功夫小子》、《雾山五行》、《风灵玉秀》等高分动漫都大量采用了“武术动捕”，而《武动乾坤》、《龙蛇演义》等以武术为核心主题的动漫作品不仅采用了“武术动捕”，还聘请了专业的武术指导。但在游戏领域，在《黑神话：悟空》之前，国内游戏很少有对“武术动捕”的大量应用，大部分游戏（如《天涯明月刀》、《全职高手》、《铁甲雄兵》）的“武术动捕”属于游戏的“点缀”，对于武术、门派背后故事的设计开发更是少之又少。《黑神话：悟空》的成功让游戏开发者们看到了将武术动作艺术化的巨大价值，“武术动捕”在游戏中的大规模运用，将成为传统中国武术元素在现代电子游戏中“古为今用”的新突破。

思考题

1. 结合武术套路的竞赛规则，简述自选项目有哪些评分标准。
2. 在太极推手的竞赛规则中，允许进攻的部位有哪些？
3. 试述武术表演应当如何进行欣赏与评价。
4. 举例说明现代科技在武术评判与欣赏中的应用。